60 ANS…
ET ALORS ?

Du même auteur

Mon tour de vérité, Éditions Grasset, 1985
Le temps n'efface pas tout, Éditions Anne Carrière, 2001

Avec Richard Cannavo

Le Jeu de la vérité : les rapports secrets des Français avec leurs vedettes, Éditions Robert Laffont, 1987

Patrick SABATIER

60 ANS...
ET ALORS ?

Avec la collaboration de Danielle Moreau

Photo de couverture
© Isabelle Sabatier

*Tous droits de traduction, d'adaptation
et de reproduction réservés pour tous pays.*

© Éditions Michel Lafon, 2014
118, avenue Achille-Peretti – CS 70024
92521 Neuilly-sur-Seine Cedex

www.michel-lafon.com

*À tous ceux et celles qui m'ont
accompagné pendant
ces soixante premières années…
Et surtout à toi.*

AVANT-PROPOS

L'interviewer interviewé

Je ne sais pas quel âge vous avez, mais moi j'ai passé le cap de la soixantaine. Et ça ne m'a pas fait très plaisir ! Alors, sans doute pour me rassurer un peu, j'ai voulu savoir comment des personnalités que vous connaissez toutes ont vécu l'arrivée de ce chiffre qui, dans une vie, marque une étape particulière. C'est ainsi que j'ai rencontré Pierre Arditi, Guy Savoy, Dave, Patrick Poivre d'Arvor, Roselyne Bachelot, Anny Duperey et quelques autres. À soixante ans, on n'est pas encore vieux mais l'insouciance de la jeunesse s'est envolée. Comment aborder les vingt années suivantes... et plus ? Comment garder son énergie et son enthousiasme ? Qu'allons-nous faire ou qu'avons-nous fait de nos soixante ans ? Autant de questions que je me pose et que j'ai eu envie de poser à quelques sexagénaires célèbres, qui avaient des rêves plein la tête à vingt ans et qui ont eu la chance de les réaliser.

J'espère que ce livre aidera les lecteurs à aborder cet âge avec plus de sérénité et de philosophie. Entre coups de folie et leçons de vie, il nous apprend que l'essentiel est de passer le cap en accord avec soi-même. Rencontrer tous ces « confrères » m'a aidé et, puisque ceci est un livre d'entretiens, j'ai demandé à mon amie Danielle Moreau, journaliste à la télévision et à la radio que j'apprécie pour son humour et sa passion du métier, de m'interroger en préambule. Avec elle, je me suis donc livré à l'exercice de l'interviewer interviewé !

*
* *

— *Comment est née l'idée de ce livre sur le cap de la soixantaine ?*

En plein été 2011, mon épouse Isabelle, qui partage ma vie depuis trente ans, m'a proposé d'organiser une énorme fête pour le 12 novembre, jour de mes soixante ans. Je me suis entendu lui répondre spontanément « Non ». Et après un court moment de réflexion, j'ai ajouté : « Tu ne veux tout de même pas que l'on fête le début de la fin ! » Je n'y avais jamais vraiment pensé, mais l'arrivée de mes soixante ans n'était pas une bonne nouvelle. J'ai toujours été obsédé par le temps qui passe, et j'ai compris très jeune qu'on ne vit qu'une fois. N'étant malheureusement pas croyant, il m'est impossible de

Avant-propos

me raccrocher à l'idée que la mort serait un passage vers autre chose. Pour moi, l'existence ressemble à une belle soirée d'été entre amis, et je n'ai pas envie que ce genre de soirée se termine. J'aime mon métier, ma femme, mes enfants, et si la vie était à refaire, je ferais les mêmes choix. Nous, les enfants d'après-guerre, nous avons vécu quelques périodes enthousiasmantes, où tout était à inventer et où soufflait un vent de liberté. Nous avons connu la libération sexuelle grâce à la pilule, qui a libéré les femmes mais aussi les hommes, nous n'avons pas grandi avec le sida, et l'on pouvait encore trouver un emploi rapidement. Aujourd'hui, je vis dans une époque qui correspond moins à ce que je suis au fond de moi. Je ne me reconnais pas dans tous ces gens qui courent, avec l'oreille collée à leur téléphone portable.

— Qu'est-ce qui a fondamentalement changé, ce fameux 12 novembre 2011 ?

C'est la notion de temps qui change. À vingt ans, je pouvais faire des projets à long terme, car la route me semblait infinie. Depuis mes soixante ans, je trouve moins évident de me projeter sur trois ou quatre années. L'avenir me paraît plus aléatoire. Et puis, lorsque j'arrive sur un tournage, tout le monde m'appelle « Monsieur » et me témoigne du respect, car je suis généralement le plus âgé. Or je ne suis pas sûr que ça me fasse plaisir, qu'on m'appelle « Monsieur » ! Bien sûr, à soixante ans passés, je peux encore faire du sport, sortir le soir, c'est le rythme qui n'est plus le même. Je cours encore, mais moins souvent et moins vite, je prends encore du plaisir aux sorties nocturnes mais je suis devenu plus sélectif dans mes choix. En revanche, je m'accorde plus de temps pour voyager. Je suis entré à la télévision en 1975. Depuis quarante ans, j'ai beaucoup donné pour mon métier ; aujourd'hui, je veux garder du temps pour moi et me lancer dans de nouvelles aventures, pour faire des choses différentes. J'ai connu le meilleur, et je ne veux pas me répéter dans de moins bonnes conditions. Avoir soixante ans, c'est ne rien s'interdire tout en se demandant ce qu'une nouvelle expérience va nous apporter.

— *Pourquoi as-tu voulu rencontrer d'autres sexagénaires, pour ce livre ?*

Je voulais savoir comment ils avaient fait pour vivre le mieux possible leurs soixante ans. Nous sommes de la même génération, nos parcours sont différents, nous nous sommes parfois croisés, j'en connais certains depuis très longtemps, comme Anny Duperey, Pierre Arditi ou Dave. En fait, pour moi qui suis cartésien et obsédé par le temps, la vie est un segment qui va du point A, la naissance, au point B, la mort. Comment fait-on pour occuper cette trajectoire entre le point A et le point B, c'est

Avant-propos

la question essentielle. Je voulais obtenir la vérité de mes interlocuteurs, qui sont souvent dans un jeu de la séduction, voire du mensonge, de par leurs métiers. Et je dois dire que ces rencontres m'ont fait énormément de bien. Je me sens moins seul et certains m'ont donné de grandes leçons de sagesse. Ces entretiens, sans avoir fondamentalement changé mon existence, m'ont rendu plus philosophe. Il faut prendre la vie comme elle vient et en tirer le meilleur. Je savais que mes soixante premières années avaient été belles, mais grâce à toutes ces rencontres j'ai compris que les années à venir pouvaient encore me réserver de belles surprises !

PIERRE ARDITI

Pierre Arditi vit entouré des tableaux peints par son père, Georges Arditi, et ne s'est jamais remis de la disparition de sa mère, alors qu'il était encore très jeune. Enfant, il a eu cependant la chance de voir dans les coulisses du cabaret Les Trois Baudets, tenu par Jacques Canetti, cousin de son père, les débuts de Jacques Brel, Guy Béart et bien d'autres. Le petit Pierre en était persuadé, lui aussi, une fois grand, foulerait les planches. Et depuis cinquante ans il ne s'en prive pas, allant jusqu'à enchaîner parfois deux pièces dans la même soirée. Cette boulimie de travail lui permet d'échapper à son angoisse de la mort. Une manière de s'offrir, aussi, un supplément de vie. Un peu de rab, en somme… Chacune de ses pièces, qu'il interprète du Guitry, du Feydeau ou du Sébastien Thiéry, se joue à guichets fermés pendant au moins un an. Cette fidélité du public, qui lui fait confiance et le suit dans toutes ses aventures théâtrales, est sans aucun doute sa plus belle récompense. Mais il est également fier d'avoir reçu deux César, un Molière et un 7 d'Or, ce qui montre la diversité de sa déjà longue carrière. Lui qui déteste se regarder apparaît pourtant dans une centaine de films, notamment sous la direction d'Alain Resnais dont il était l'un des acteurs fétiches. Aujourd'hui ce bon vivant, qui possède une cave à faire pâlir d'envie les plus grands restaurants, est devenu Benjamin Lebel, l'éminent œnologue héros de la série *Le Sang de la vigne*, qui cartonne sur France 3 depuis 2011. Il tourne dans les plus belles régions viticoles de France, pour son plus grand bonheur, même s'il déplore d'y avoir pris quelques kilos. À vingt ans, déjà complexé, il rêvait d'avoir le physique d'Alain Delon. Et pourtant, cinquante ans plus tard, il plaît toujours aux femmes. En particulier à la sienne, Évelyne Bouix, qu'il appelle affectueusement « Tantine ». Longtemps ils ont fait appartements séparés pour préserver la fraîcheur de leur couple. Et ils vivent toujours comme deux adolescents amoureux. C'est peut-être ce qui permet à Pierre Arditi d'être encore un jeune homme à presque soixante-dix ans. Il me reçoit chez lui, dans le quartier de Saint-Germain-des-Prés, un haut lieu de la culture parisienne.

*
* *

Pierre Arditi

— Peut-on se préparer à vieillir ?

Non, absolument pas. Je ne suis pas du tout préparé et je ne le supporte pas. Pour une émission de Laurent Boyer, j'ai dû fouiller dans mes photos. En fait, je me rends compte que j'ai passé ma vie à être confronté à mon fantôme ; je ne me suis jamais convenu. À l'approche de mes soixante-dix ans, lorsque je revois ma tête à vingt, trente ou quarante ans, je me trouve pas mal. Si tu reviens dans une quinzaine d'années, pour un livre sur les octogénaires, je te dirai peut-être que je n'étais pas mal à soixante-dix ans. Finalement, les seuls moments où je me conviens vraiment sont les moments où j'exerce mon métier. Quand on me demande après quoi je cours, je réponds que je pense courir après moi, un moi qui essaie d'agir à peu près correctement.

— Comment t'accommodes-tu du temps qui passe ?

J'essaie de profiter au maximum de l'instant présent en souhaitant que cela ne s'arrête jamais. Je me revois, lycéen, descendre la rue des Martyrs ou retrouver mes copains, au retour des vacances. Cinquante-cinq ans plus tard, je chéris toujours ces moments-là, et je regrette de les voir éteints à jamais et rangés au rayon des souvenirs. J'aimerais tant faire revivre le passé pour ne pas vieillir ! Je sais pourtant que l'on ne peut pas revenir en arrière. Lorsque j'ai joué *Tailleur pour dames* pour la première fois, j'avais tout juste quarante ans. C'était mon premier spectacle en tant que vedette du théâtre privé, un moment important dans ma carrière. Vingt ans plus tard, je l'ai rejoué pour la télévision. En essayant de me glisser dans la peau du personnage, je me suis aperçu que je n'étais plus le même homme. J'ai dû le jouer différemment, car tout avait changé. Je devais me rendre à l'évidence, j'avais vingt ans de plus.

– *As-tu peur de vieillir ?*

Je n'ai pas peur, mais ça m'emmerde ! Et je n'ai pas peur de la mort, mais elle m'ennuie ! La mort, j'y pense quotidiennement, sans me faire à l'idée que tout cela va continuer sans moi. Et pourtant, une chose est sûre, le monde tournera après ma disparition. J'espère mourir sereinement, même si, à mon avis, il n'existe pas de belle mort. Je me fous de mourir sur scène. Je donnerais toutes les scènes du monde pour ne pas mourir.

– *Si la vie devait s'arrêter aujourd'hui, aurais-tu le sentiment d'avoir bien vécu ?*

Oui, je peux déjà le dire, j'ai bien vécu et je continue à bien vivre. Parfois, je suis contrarié par des broutilles. Mais en vieillissant, on apprend à relativiser et à faire le tri. Les choses qui m'exaspéraient à trente ans me paraissent des billevesées aujourd'hui. À mes débuts, j'étais capable de piquer une crise de nerfs si les gens ne me disaient pas ce que j'avais envie d'entendre. Aujourd'hui, j'adore les compliments, mais lorsqu'on ne m'en fait pas, je passe à autre chose. J'adore recevoir des médailles et des honneurs, mais ne pas en avoir me laisse indifférent.

— *Qu'est-ce qui te fait le plus plaisir, professionnellement parlant ?*

Qu'on mette mon nom sur une affiche de théâtre et que ce théâtre soit plein pendant un an. C'est très immodeste mais nous sommes assez peu dans ce cas-là. Un de mes pères spirituels, l'acteur François Périer, avait dit : « Arditi est mon seul héritier au théâtre. » Je garde précieusement ces paroles dans mon cœur. Je suis fier de plaire à un public varié. Dans les salles, il y a des riches, des pauvres, des jeunes, des moins jeunes et cette variété du public est mon honneur absolu. Le reste n'a pas beaucoup d'importance.

— *Les acteurs vieillissent-ils au même rythme que les autres ?*

Les artistes sont des privilégiés dans une société où les plus de cinquante ans sont déjà trop vieux pour le monde du travail. On se croirait chez les dingues ! Bientôt, dès la naissance, nous serons hors service. Lorsque je croise d'anciens copains du lycée, je me sens différent. Continuer à être regardé et à donner du plaisir au public, cela conserve. Sur scène, je me sens immortel. C'est pour cela que la retraite est impensable pour moi, même si pour la plupart des gens de soixante ans et plus, la vie professionnelle s'est arrêtée depuis quelques années. Et puis la vie, c'est comme le corps. Quand on laisse son corps s'avachir, on ne peut plus revenir en arrière. Je ne suis pas un hystérique du sport, mais je suis obligé de faire gaffe pour rester présentable. Lorsqu'on s'arrête de travailler, d'être actif et curieux du monde qui nous entoure, quelque chose s'éteint en nous, et l'on devient vieux. Le regard d'Edgar Morin, encore passionné et amoureux comme un jeune homme, est un exemple pour moi. À plus de quatre-vingt-dix ans, c'est un galopin. Comme Alain Resnais, resté un enfant jusqu'au bout. J'aimerais évidemment pouvoir monter mes cinq étages sans être essoufflé, mais je dois me rendre à l'évidence, c'est fini. En revanche, j'essaie de rester jeune intellectuellement.

– La sagesse, c'est accepter de ne plus être capable de grimper les marches quatre à quatre ?

Je l'accepte parce que j'y suis forcé. La lucidité est parfois obligatoire. Enfant, je doublais les personnes âgées dans l'escalier, aujourd'hui, je me fais doubler, c'est un juste retour des choses. Mais l'important est de grimper ailleurs, dans sa tête, dans son cœur, et crois-moi, je ne m'en prive pas. J'ai la chance de pouvoir incarner des vies qui ne sont pas les miennes, et j'ai l'impression ainsi de retarder ma mort. Lorsqu'un personnage s'éteint, un autre prend sa place. Alors, bien sûr, mes capacités physiques s'amoindrissent, mon corps vieillit, mais l'essentiel ne s'atrophie pas.

— Qui sont les gens qui t'aident à vivre ?

Les gens que j'aime, mes proches. Et aussi des gens avec qui je n'ai jamais travaillé, mais à qui je pense toujours avec bonheur, comme Louis de Funès ou Lino Ventura. Je n'ai jamais tourné avec Claude Sautet non plus, pourtant ses films m'ont aidé à vivre. Et lorsque je repense à François Mitterrand, venu m'applaudir au théâtre, je ne ressens pas de la fierté mais cela me fait plaisir.

— Avec l'âge, devient-on plus égoïste ou plus généreux ?

Je me suis beaucoup occupé de moi pendant la première partie de ma vie, mais aujourd'hui j'ai ce qu'il me faut. Je préfère utiliser mon petit pouvoir et mon argent pour les autres, mes proches autant que des inconnus dans le besoin. Il m'est arrivé d'aider des personnes dont le cas m'avait ému à la télévision. Et je regrette encore de ne pas avoir réagi assez vite pour porter secours à un couple de SDF dormant avec un enfant dans la rue. Leur témoignage était déchirant, mais j'ai laissé passer les jours et je m'en suis toujours voulu. J'avais également été ému par le cas d'une jeune femme obligée de voler dans un supermarché pour nourrir ses enfants. Envoyer un chèque me semble tellement évident dans ces circonstances-là que cela ne mérite même pas d'en parler. C'est la moindre des choses. Je ne souhaite pas être enterré avec un tas d'or. Vient un moment où l'on a besoin de s'alléger de certaines choses matérielles. Avoir autant de costumes alors que je porte toujours les mêmes est ridicule. Lorsque je vois mon dressing, je trouve ça monstrueux ! Je n'ai plus cette envie d'amasser. Je possède le plus précieux : la vie ! Ma richesse à moi, c'est de pouvoir vivre plusieurs existences.

— *Vous n'avez pas voulu d'enfant avec Évelyne ?*

Si, mais à des moments différents. Lorsque j'en voulais un, Évelyne ne le souhaitait pas, car elle avait la trouille. Et lorsqu'elle s'est décidée, je me trouvais trop âgé. Dans le fond, je ne le regrette pas, car je pense que sinon, on ne serait plus ensemble aujourd'hui. Nous étions faits pour vivre en adolescents échevelés, et c'est ce qui a préservé notre couple. En fait, j'ai fondé une deuxième famille avec elle puisque j'ai élevé sa fille, Salomé. Quand je vois Claude Lelouch, je le présente comme le père de ma fille. J'ai même été plus présent pour Salomé que pour mon propre fils, Frédéric. Quant à Évelyne, c'est ma maîtresse, ma femme, mon meilleur ami et ma fille.

– *C'est toujours vrai ?*

Ça ne l'a jamais été autant. Avec l'âge, notre couple est encore plus fort. Le quotidien avec Évelyne est plus confortable aujourd'hui qu'il y a quinze ans. Nous avons réglé un certain nombre de choses. Nous avons dû lutter, au début, pour savoir qui prendrait le pouvoir, qui céderait à l'autre. C'est fini, tout ça. Chacun respecte le désir de l'autre, et nous vivons depuis des années sans une engueulade. Lorsqu'une dispute s'amorce, l'un de nous se met à rire, et nous passons à autre chose. Ça nous barbe tous les deux de vieillir parce que nous n'avons pas envie que nos virées à deux – au resto, au cinéma – cessent un jour.

– *Te sens-tu bien dans ton époque ?*

Pas toujours. Cette frénésie du jeunisme est constante. D'autant plus que, d'un autre côté, on demande aux jeunes d'avoir de l'expérience, sans leur donner les moyens d'en acquérir. Et puis, je connais des vieillards de vingt ans, qui vivent dans une bulle, sans s'intéresser au monde qui les entoure. On renvoie sans cesse les gens à leur âge, mais cela ne veut rien dire. Il faut les renvoyer à eux-mêmes, à leur manière d'envisager les choses. Il y a des gens de quatre-vingts ans formidables, et je ne me verrais pas passer une heure avec tous ces jeunes candidats de télé-réalité. J'ai la chance de pouvoir m'extraire de cette société lorsqu'elle ne me plaît pas. Comme la mer, je me retire…

— *Qu'est-ce qui te donne encore envie de monter sur scène chaque soir ?*

L'envie de raconter une histoire, en feignant de la découvrir. Chaque soir, j'entre en scène dans un état d'esprit différent et j'ignore comment le public va m'accueillir. L'aventure est totale et permet de tout envisager. Plus jeune, j'avais le trac au point de trembler face aux spectateurs. J'avais peur de recevoir des tomates, de passer pour un imposteur. Aujourd'hui, je n'ai plus la même appréhension puisqu'on m'applaudit dès mon entrée en scène. Mais je crains de ne pas être à la hauteur de leurs attentes. Au lever du rideau, je serre les poings et je murmure « À nous deux », car j'ai envie d'en découdre.

Pierre Arditi

— *Un des atouts de ton métier, c'est la mémoire ; as-tu peur de la perdre ?*

La mémoire est l'un de nos matériaux de base. Si je la perds, je ne peux plus travailler. La mienne est sélective ; je me souviens très mal des noms, par exemple. Les mauvais acteurs apprennent juste les mots, mais pour bien jouer il faut en apprendre le sens. En cas de trou de mémoire, on peut les remplacer sans problème. Ma mémoire est un muscle que je n'ai jamais cessé d'exercer en calculant de tête, et en ne notant aucun rendez-vous sur mon agenda. Quand je ne vais pas assez vite pour apprendre un texte, cela me rend ivre de rage. Mon impatience ne s'arrange pas avec l'âge, bien au contraire.

— **Prends-tu soin de ta santé ?**

J'ai tendance à nier la maladie. Lorsque j'ai la crève, je minimise et je ne vais voir le médecin qu'à partir du moment où je sens que ça pourrait devenir sérieux. J'ai d'ailleurs arrêté de fumer il y a trois ans, quand je me suis mis à tousser vingt heures par jour. J'étais épuisé et j'ai senti que c'était une question de survie. J'ai jeté mon dernier paquet et je n'ai plus jamais touché à une cigarette depuis. Je ne me croyais pas capable d'autant de volonté. Je n'ai emmerdé personne et j'ai suivi un régime alimentaire strict pour ne pas prendre un gramme. Je crois qu'il faut savoir écouter son corps.

– Comment vois-tu l'avenir ?

En continuant à travailler beaucoup. Depuis longtemps, je ne calcule plus le temps qui me reste à vivre en jours, ni en années, mais en nombre de pièces à jouer. C'est assez particulier. Je suis conscient de ne plus pouvoir incarner Roméo mais on me propose encore de très beaux rôles. Et comme mes pièces tiennent l'affiche une année entière, je joue parfois deux pièces par soir, pour vivre deux fois plus. Dans le meilleur des cas, il me reste une vingtaine de pièces à jouer, et ce chiffre me semble dérisoire. Pourtant, je ne me suis jamais senti dans une telle plénitude. Alors comment je vois l'avenir ? Je souhaite profiter au maximum de bons moments partagés avec la famille, les amis. J'ai la réputation d'être actif mais je sais aussi ne rien faire. En vacances, tu peux me laisser au bord de la piscine à midi, avec un bouquin et un verre de vin, tu me retrouveras le soir à la même place, j'aurai bu le verre de vin, pas forcément lu le bouquin, mais j'aurai rêvé et vécu !

– Tu ne t'ennuies jamais ?

Non car la vie n'est jamais ennuyeuse. Je peux être malheureux de la disparition d'un être cher, ce qui arrive de plus en plus souvent à mon âge, mais je suis persuadé qu'on peut toujours sauver un moment de la journée, y compris dans les périodes difficiles. Le seul moyen de ne pas s'ennuyer dans la vie, c'est de ne pas avoir de protection. Je n'ai jamais eu de bouclier. Quand tu prends un coup, tu le prends plus violemment, mais ça te fait grandir. Si tu te protèges en permanence, tu arrives à la fin sans avoir rien vu.

— *Les femmes ont-elles plus compté que les hommes dans ta vie ?*

Je dois aux femmes l'homme que je suis devenu, à commencer par ma mère. Les femmes que j'ai croisées dans ma vie, même celles qui sont passées furtivement, m'ont aidé à me construire. Mon père, lui, a contribué à forger l'acteur.

— *As-tu toujours choisi les femmes de ta vie ?*

Quelquefois, j'ai dû me bagarrer pour qu'elles me choisissent. Avec Évelyne, par exemple, j'ai dû m'accrocher au bastingage. Mais, même si parfois, le combat fut rude, c'est un de mes titres de gloire d'avoir été choisi par les femmes !

*
* *

Pierre Arditi... Ce qui ne cesse de m'étonner chez lui, c'est qu'il a toujours été complexé malgré son succès public et son succès auprès des femmes. Il va jusqu'à fermer les yeux pendant la diffusion d'un extrait d'une pièce de théâtre où il joue lorsqu'il est invité sur un plateau de télévision, et il ne supportait déjà pas son physique, enfant. Aujourd'hui, il avoue tout de même regretter ses quarante et cinquante ans, lorsqu'il revoit des photos de lui. En fait, il n'a jamais su se satisfaire du moment présent. Je ne vais pas jusqu'à cette extrémité, mais j'ai toujours été surpris qu'on prenne du plaisir à se regarder lorsqu'on passe à la télévision. Ce n'est pas naturel de s'exposer à ce point-là. Bien sûr, à mes débuts je visionnais mes émissions pour essayer de corriger quelques défauts, mais ensuite on se dit que les autres sont plus aptes à le faire, car il est difficile de se juger soi-même. Je suis assez d'accord avec Pierre Arditi lorsqu'il dit que notre caractère évolue avec l'âge. Depuis quelques années, mon entourage me trouve plus cool, plus serein. C'est l'âge mais aussi le changement de rythme qui veulent ça. À plus de soixante ans, la plupart des gens sont à la retraite, moi j'en suis loin, cependant je n'anime plus autant d'émissions, et la diminution de stress fait qu'on apprend à relativiser. Le caractère ne change pas fondamentalement, mais si l'on était colérique à trente ans, la colère vient moins vite. Pierre Arditi s'estime plus généreux aujourd'hui qu'à vingt ans. Là aussi, cela vient du fait qu'ayant moins de choses à prouver, professionnellement, on est moins tourné vers son ego. Après quarante ans de carrière, on a envie de raconter, d'échanger, et lorsque des jeunes gens viennent me demander conseil, j'aime discuter avec eux, savoir quelles sont leurs motivations, tout en leur parlant des miennes... Pierre a appris à relativiser, mais une chose l'énerve encore profondément, c'est le jeunisme ambiant. Moi, plus que le jeunisme, ce qui me met en colère, c'est l'incompétence. Et ce fléau n'a rien à voir avec l'âge. On connaît tous d'excellents médecins qui sortent tout juste de leurs années d'études, et l'on peut tomber sur de mauvais médecins qui exercent depuis trente ans.

ROSELYNE BACHELOT

En choisissant d'arrêter sa carrière pour devenir chroniqueuse à la télévision, Roselyne Bachelot a su prouver qu'il y avait une vie après la politique. Et pourtant, la politique, Roselyne est née dedans. Son père, Jean Narquin, résistant et député gaulliste, fut son modèle, et son fils, Pierre, fut son assistant puis son conseiller parlementaire. Tour à tour ministre de l'Écologie et du Développement durable, ministre de la Santé puis ministre des Solidarités et de la Cohésion sociale, elle a su se servir de ses armes féminines tout en faisant montre d'une combativité hors du commun. On se souvient de son arrivée remarquée, au Conseil des ministres en 2008, chaussée de Crocs roses. Après avoir assumé des prises de position risquées, notamment sur le PACS, et après avoir été chargée de dossiers lourds comme le plan de lutte contre la maladie d'Alzheimer ou la réorganisation des soins palliatifs, elle sait traiter aujourd'hui de sujets beaucoup plus légers, dans l'émission « Le grand 8 » diffusée sur D8. Roselyne a beaucoup donné à la politique : est venu pour elle le temps de s'amuser ! Qu'elle pose en sosie de Jean-Paul Gaultier pour *Madame Figaro*, qu'elle critique les candidats de la télé-réalité ou qu'elle rappe sur un texte de Racine à la demande de La Fouine, Roselyne Bachelot a décidé d'être elle-même, au risque de déplaire à quelques-uns. Elle est une des rares femmes publiques à revendiquer haut et fort sa belle soixantaine, en parlant sans tabou de la vieillesse, un sujet qu'elle a pris à bras-le-corps lorsqu'elle était ministre. Ce rendez-vous dans un restaurant en plein cœur de Paris va me réserver bien des surprises…

*
* *

— *Comment avez-vous pris l'arrivée de vos soixante ans ?*

Soixante ans, c'est la décennie heureuse. Les difficultés sont derrière vous, l'éducation des enfants est terminée, les interrogations sur votre vie professionnelle également. Et puis notre génération a la chance de pouvoir profiter des progrès de la médecine, de cette tendance relativement nouvelle à prendre soin de soi.

Roselyne Bachelot

— *Pourquoi l'âge est-il encore un sujet tabou chez les femmes ?*

C'est curieux car, personnellement, je suis très fière de mon âge. J'ai soixante-sept ans, et bien loin de le cacher, je le revendique. Je ne vois pas pourquoi j'en aurais honte. En quelques décennies, l'aspect physique des femmes a énormément changé. Je classais des photos, récemment, et je suis tombée sur celles de ma communion solennelle. À l'époque, mes grands-mères, âgées sans doute d'une soixantaine d'années, avaient l'air de très vieilles dames.

— *Peut-on encore entreprendre de grands projets à plus de soixante ans ?*

Il va devenir indispensable d'être tourné vers l'avenir, même après soixante ans. L'espérance de vie augmentant d'une année tous les quatre ans, et les prévisions nous promettant, pour les décennies futures, une longévité de plus de cent cinquante ans, nous allons être obligés d'envisager la vie d'une façon totalement différente. Notre modèle de civilisation va devenir obsolète. Et même aujourd'hui, notre vie ne s'arrête pas à soixante ans, bien au contraire. Pour ma part, j'ai toujours pris l'existence comme une coupe de fruits, qu'il faut savourer les uns après les autres. Il faut savoir laisser le suc envahir votre bouche pour profiter de chaque instant.

– En général, la soixantaine est l'âge où l'on acquiert assez de recul pour avoir une certaine liberté de parole. Vous vous êtes toujours autorisé cette liberté, malgré les risques. D'où vous vient cette attitude ?

Je l'ai acquise auprès de mes parents, deux grands résistants, très impliqués, très militants, malgré leurs origines modestes. Mes grands-parents paternels étaient de tout petits agriculteurs n'appartenant à aucune caste sociale. Ils m'ont légué l'héritage le plus précieux : ne jamais se sentir redevable envers quiconque.

– Dans vos idéaux, dans vos luttes, vous sentez-vous plus proche de votre père, Jean, ou de votre mère, Yvette ?

Mon père m'a donné les codes de la politique, ma mère m'a transmis l'envie de combattre. Ma grand-mère maternelle, chef syndicaliste dans son usine d'armement, luttait pour l'égalité des femmes. Finalement, ma mère a combattu de manière intellectuelle ce que sa mère combattait de manière empirique. Yvette m'a transmis les fondamentaux, Jean les méthodes.

– Pensez-vous souvent à vos parents ?

Ils m'accompagnent chaque jour, et plus le temps passe, plus je réalise ce que je leur dois. Ils me manquent énormément car ils rythmaient ma vie de manière précise. Mon père me téléphonait tous les matins à 7 h 30, après avoir lu les journaux. Je ne me réveille jamais sans penser à cette si précieuse revue de presse.

– Votre père, Jean Narquin, était votre idole ?

Mon père n'est pas mon idole, il est mon référent, ce qui n'est pas la même chose. Une idole est toujours lointaine, alors que mon père, j'en connaissais les qualités mais aussi les défauts. Nous avions une relation de tendresse et d'amour.

– Lorsque vous avez eu des prises de position, comme pour le PACS, seule contre tous ou presque, aviez-vous conscience des risques ?

Oui, bien sûr, mais j'étais poussée par un mouvement intérieur, sans doute un peu mégalo : l'impérieuse nécessité de remplir une mission. Ce besoin d'aller jusqu'au bout de mes convictions me vient de ma mère. Au moment de la Libération, ma mère et ma grand-mère, toutes deux résistantes, étaient à Paris et devaient rentrer chez elles, dans le Morbihan, alors qu'il n'y avait plus aucun moyen de transport. Elles n'ont pas hésité une seconde, et sont rentrées à pied. C'est cela qui mène ma vie. Rien ni personne ne pourra m'empêcher de faire ce que je dois faire, quitte à rentrer à pied.

— Est-il exact que vous aviez décidé du moment où vous quitteriez la politique, il y a une dizaine d'années ?

Quand j'ai fixé l'échéance, un éditorialiste a écrit : « On verra bien si Roselyne Bachelot tiendra ses engagements. » Je suis partie car je sais qu'il faut quitter les choses avant qu'elles ne vous quittent pour rester maître de son destin. Et puis j'ai respecté cette ascèse de l'adieu que m'a léguée mon père. Lorsque je lui ai succédé à l'Assemblée nationale, il m'a conseillé de quitter mon bureau tous les soirs comme si je ne devais jamais y revenir. Ne garder aucun bibelot, aucune photo, aucun objet personnel pour se préparer au départ... Que vous ayez à quitter un lieu qui vous est cher, ou la vie.

— Ne me dites pas que vous pensez à ça tous les jours ?

Si...

— Je ne peux pas vous croire. Penser à la mort tous les jours serait invivable.

Bien sûr que non, ce n'est pas invivable. Il faut se préparer à cette rencontre inéluctable. Platon disait : « Philosopher, c'est apprendre à mourir. » Ce n'est pas triste, c'est naturel.

– Si, c'est triste ! Cela signifie-t-il que vous pourriez quitter la vie sans regret ?

Ce n'est pas aussi simple que ça. Il faut apprivoiser la mort, en essayant de ne pas se laisser encombrer par trop de bagages. Depuis très longtemps, j'offre mes bijoux aux femmes que j'aime. Je ressens beaucoup plus de plaisir à les voir sur elles qu'à les porter moi-même. Et lorsqu'un ami vient à la maison, s'il semble apprécier un objet, je le mets immédiatement dans le coffre de sa voiture. Je ne suis pas une sainte, j'ai juste envie d'un départ aussi léger que possible.

– La mort est forcément triste, puisqu'elle est synonyme d'absence.

La mort des êtres aimés est épouvantable, mais il faut se préparer à sa propre mort pour jouir encore plus de la vie. À vingt ans, cette échéance nous paraît quasiment impossible alors que, à la soixantaine, elle devient plus présente. En fin de compte, faire quelque chose pour la dernière fois peut avoir une saveur inouïe.

– D'où tenez-vous cette force de rester enthousiaste et d'aimer la vie à ce point ?

Il y a du biologique là-dessous. Je retrouve cette extraordinaire énergie chez tous les membres de ma famille. Une force vitale a permis à mes grands-parents et mes parents de ne pas mener une vie ordinaire et d'être tournés vers les autres, sans se laisser engluer dans leur milieu social.

— Je ne connais aucune femme ministre devenue présentatrice télé, vous êtes un cas unique ?

Je suis affolée d'observer cette tendance très française à assigner les gens à résidence, à les enfermer dans des cases. Les commentaires faits sur mon changement de vie m'ont littéralement sidérée. Une de mes anciennes collègues a été jusqu'à dire : « Madame Bachelot ne se conduit pas d'une manière digne. » L'étroitesse d'esprit de cette réflexion m'a choquée. En quoi le métier de journaliste est-il indigne ? En quoi ai-je renoncé à mes convictions en changeant de métier ? Je pense avoir réalisé le rêve de beaucoup de gens : pouvoir vivre plusieurs vies.

— De quoi avez-vous peur ?

Je crains de ne pas être à la hauteur des engagements que je prends vis-à-vis du premier cercle très restreint des gens que j'aime… Je suis une des rares femmes politiques à ne pas avoir exposé mes proches, à ne pas m'être laissé photographier dans mon milieu familial. C'est une des origines de ma force : ne pas donner de proie aux lions.

Roselyne Bachelot

— *Est-il difficile d'être votre compagnon ?*

Ceux qui me connaissent disent que je suis extrêmement facile à vivre, notamment parce que je ne me fâche jamais.

— *Si c'est de l'indifférence, c'est pire que tout.*

Pourquoi serait-ce de l'indifférence ? Ou du mépris ? L'un de mes proches m'a dit un jour : « Je préférerais une colère à ce regard qui me donne l'impression d'être une crotte de chien au milieu du salon. » Je ne suis ni méprisante ni indifférente, je suis maîtrisée.

— *Vous qui avez fréquenté les coulisses du pouvoir, avec des gens formidables mais aussi des hypocrites, quelle est la morale de l'histoire ?*

Gouverner ressemble à conduire une Ferrari sur une route verglacée. Le pouvoir est un alcool fort et l'exercer sans une dose de perversité et de mensonge est sans doute impossible. Pour conduire les affaires de l'État, il faut être capable de grandeur et de duplicité à la fois. Et pour être un bon démocrate, il faut savoir doser ce paradoxe. Aujourd'hui, je trouve dommageable l'éclairage violent dont bénéficient les affaires qui entachent la politique, car elles contribuent à démobiliser les électeurs.

— *Comment peut-on éviter de se perdre en politique ?*

Il faut se fixer certaines limites. La première étant de vivre chez soi. Vivre éloigné des ors de la République et des valets qui sont là pour vous servir est salutaire. Ensuite, il faut garder du temps pour ses activités personnelles et pour son entourage. J'ai moi-même continué à me rendre à l'Opéra, à lire, à écrire, pour faire en sorte de rester un être construit. Comme dans *Le Petit Prince*, il faut éviter que les mauvaises herbes empêchent la rose de fleurir. J'ai toujours tout fait pour protéger l'affection que je porte aux gens et celle que l'on me porte.

— *J'ai l'impression que, toute votre vie, vous avez beaucoup protégé les autres, mais qui vous protège ?*

…

— *Je vais tourner ma question autrement. Vous avez pris beaucoup de coups, et vous n'en avez pas paru affectée : êtes-vous une bonne comédienne ?*

La force est en moi.

– Y a-t-il quelqu'un sur qui vous pouvez vous épancher ?

Je ne m'épanche jamais.

– Vous vous l'interdisez ? On a tous besoin de quelqu'un dans les bras de qui on peut pleurer. Qui vous connaît vraiment ?

Plusieurs personnes connaissent une parcelle de ma personnalité. Sur l'échelle du mystère, quelques-unes sont bien placées et commencent à me cerner, mais aucune ne connaît mon être intime. Je pense qu'on ne perce jamais totalement à jour l'être avec lequel on vit. C'est la destinée humaine. Vous-même, avez-vous quelqu'un qui vous connaît vraiment ?

– Qui me connaissait, oui.

Vous êtes sûr ?

– Je crois qu'on est connu par ceux qui nous mettent au monde. Votre mère, Yvette, ne vous connaissait pas totalement ?

Non, j'ai toujours essayé de garder des distances, par éducation et par politesse. Une certaine retenue, même envers les plus proches, est une garantie de liberté pour chacun. Je ne me permettrais jamais de pénétrer dans la chambre de mon fils sans frapper à la porte. Je fermais les yeux lorsque je ramassais un papier dans sa chambre, pour ne pas être tentée de me montrer indiscrète. Dans ma famille, l'insondable intimité était au cœur des rapports humains. Pour ma grand-mère, les choses n'existaient pas tant qu'elles n'étaient pas dites. Ces non-dits ont forgé mon identité et peut-être aussi ma solitude. Mais je la revendique comme un bien précieux car c'est nu que l'on affronte la mort.

– Le fait de ne pas vouloir tout savoir vous protège ?

Vous y voyez une forme d'indifférence ?

– Pas nécessairement, mais fermer les yeux pour ramasser un papier dans la chambre de votre fils, c'est pour le protéger lui, ou pour vous protéger vous ?

Les deux. Je pense qu'il vaut mieux parfois un petit mensonge que la vérité. Et les gens commençant leurs phrases par « Je vais te dire franchement » me semblent terriblement suspects.

– À soixante-sept ans, est-ce que tout reste encore possible ?

Non, bien sûr. Je ne pourrais plus avoir d'enfants, par exemple. C'est toujours un deuil, pour une femme.

– Peut-on encore tomber amoureux à soixante-sept ans ?

Je m'occupe d'une association qui organise des concerts pour des personnes atteintes d'Alzheimer. Eh bien, je peux vous dire qu'il est possible de tomber amoureux à tout âge. Beaucoup de couples se forment au sein même des maisons de retraite.

– Quel genre d'homme pourrait vous séduire, avec tout ce que vous savez sur la gent masculine ?

Tomber amoureux de quelqu'un n'obéit à aucune logique. Le coup de foudre est inexplicable et n'a surtout rien de rationnel.

– La musique vous aide-t-elle à vivre ?

La musique est essentielle à ma vie. Mon père a toujours voulu nous donner le meilleur. J'ai reçu une solide formation musicale et nous avions des disques de musique symphonique à la maison. Mais ce n'était pas un amusement car il fallait se méfier de tout ce qui nous procurait du plaisir.

Je suis tombée sous le charme de l'opéra à Vérone, il y a plus de quarante ans, et depuis, j'essaie d'aller voir un spectacle chaque semaine. La musique parle au cœur et à l'âme, et lorsque je vais à l'opéra, je sens que Dieu est bon. Je suis entièrement d'accord avec cette phrase de Nietzsche : « Sans la musique, la vie ne serait qu'une erreur. »

– Êtes-vous encore impatiente ?

Je pense n'avoir jamais été impatiente. Ambitieuse, orgueilleuse, volontaire, capable de sacrifices pour arriver à mes fins, oui. Mais je suis extrêmement patiente au contraire ; je peux attendre longtemps si c'est pour atteindre mon but.

– Pour vous, la vie est-elle tracée ?

Non, c'est moi qui l'ai tracée. J'ai toujours décidé de mon destin, en tentant de naviguer entre les contingences.

– Qu'auriez-vous à dire à ceux qui abordent la soixantaine ?

Je n'ai pas de consignes ni de conseils à donner, car chaque destinée humaine est unique. Mais j'ai une immense pitié pour ceux qui, au moment où ils pourraient se reposer et profiter de la vie, sont obligés d'accompagner un parent atteint d'Alzheimer, par exemple. Ce qui nous guette parfois avec l'allongement de la vie, c'est ce choc des générations. Il faut s'y attendre et s'y préparer.

*
* *

Roselyne Bachelot m'a surpris par sa détermination, sa faculté de prendre sa vie à bras-le-corps. Bien sûr, son père qu'elle adorait lui a montré le chemin en politique, mais elle a choisi de suivre sa propre voie, en connaissant la violence du jeu et les risques que comportait ce choix. Elle a pris beaucoup de coups mais a tout assumé avec courage. Je l'ai trouvée maîtresse de son existence. Arrêter la politique, se lancer dans une nouvelle carrière à soixante ans, entrer à la télévision à l'âge où les femmes sont mises de côté dans ces métiers d'image, moi je dis « Chapeau ! ». Roselyne est une vraie femme libérée, c'est pour ça sans doute qu'elle est une des rares à avoir accepté de parler de son âge dans ce livre. Et puis surtout, elle a mis en pratique ce à quoi je pense parfois, mais de manière virtuelle. Elle veut s'alléger des biens matériels, pour arriver au moment de sa mort presque nue. Je m'entends dire de temps à autre à mes enfants « n'amassons pas, ne soyons pas les plus riches du cimetière », mais elle est une des rares à appliquer cette ligne de conduite dans sa vie de tous les jours. Quand elle dit qu'elle donne ses bijoux à toutes ses amies, je la crois. C'est une personne sincère. On passe des années à vouloir accumuler des biens. Mais la soixantaine me semble le bon moment pour redistribuer son savoir et le reste. Roselyne protège ses proches et ne semble pas avoir besoin de protection. Notre point commun c'est d'être positifs. Elle a fait ce qu'elle a voulu dans la vie, contre vents et marées. J'ai réalisé mes rêves, moi aussi. Elle voulait mener une action citoyenne, je voulais distraire les gens, nous avons réalisé nos ambitions. Nous avons pris des coups, connu des hauts et des bas, mais la morale de l'histoire, à soixante ans, c'est que nous allons bien. Si tout doit s'arrêter demain, ce que nous avons fait, ce n'est déjà pas si mal !

FRANÇOIS BERLÉAND

Longtemps, François Berléand s'est imaginé être le fils de l'homme invisible ; ce traumatisme l'a marqué au point qu'il a écrit un livre sur ce sujet. En réalité, son père était russe d'origine arménienne. François va d'abord suivre sagement des études de commerce, n'osant pas avouer son envie de théâtre. Mais sa passion va le rattraper et le public s'habitue à sa silhouette dans les films et les pièces de théâtre des années 1980. Cantonné pendant une période dans les seconds rôles, avec son physique de vieux premier, ou de jeune dernier, François Berléand a connu le succès à quarante ans passés. Un bon moyen de garder les pieds sur terre et d'acquérir, sur ce métier, une lucidité qui ne l'a pas quitté. Il a joué dans plus de cent films, sous la direction de Nicole Garcia, qui partagea un temps sa vie, d'Anne Fontaine, de Pierre Jolivet, et de Guillaume Canet qui lui a offert un rôle mémorable dans *Mon idole*. Sur scène, il passe de Victor Hugo à Feydeau et d'Harold Pinter à Sacha Guitry avec le même bonheur. Aujourd'hui, inscrire son nom au fronton d'un théâtre est un gage de longévité pour la pièce. Père de grands enfants, François Berléand est également le papa gâteau de jumelles, arrivées à l'aube de sa soixantaine. Pour lui, Adèle et Lucie sont la plus belle des cures de jouvence. Je lui ai donné rendez-vous dans un restaurant à deux pas des Halles, et je me réjouis de cet échange qui va se faire sous le signe de l'humour, mais aussi de la sincérité.

*
* *

– Qu'est-ce qui change, une fois passé le cap de la soixantaine ?

Passé cinquante ans, lorsqu'on se réveille sans avoir mal nulle part, ça veut dire qu'on est mort ! Moi, plus le temps passe, plus j'ai de douleurs, c'est plutôt bon signe !

Pour être sérieux, disons qu'à soixante ans, on est arrivé à un stade où l'on peut prendre du recul. Je ne suis pas devenu cynique ou désabusé, mais de plus en plus de choses m'amusent et me semblent moins importantes.

— As-tu plus confiance en toi ?

Je n'ai jamais vraiment cru en moi, mais avec l'âge les gens me font davantage confiance et leur regard sur moi me rassure un peu.

— À quoi penses-tu lorsque tu te regardes dans la glace le matin ?

Je regrette le temps où j'avais moins de poches sous les yeux, moins de ventre, où je respirais mieux. Mais l'âge rend philosophe et j'accepte de me voir vieillir car je n'ai pas le choix.

— Comment as-tu vécu le jour de ton anniversaire ?

Je jouais au théâtre la veille de mes soixante ans et, à la fin de la pièce, j'ai eu la surprise de voir débarquer sur scène mes jumelles, Adèle et Lucie, alors âgées de trois ans et demi. C'était très émouvant. Quand le rideau s'est relevé, le public s'est mis à chanter *Joyeux anniversaire*. Mais comme je n'avais encore que cinquante-neuf ans, je l'ai bien pris. Le lendemain, j'étais invité au concert de Daniel Guichard à l'Olympia. Au bout d'une heure de spectacle, cet enfoiré de Daniel a eu la bonne idée d'annoncer que c'était mon anniversaire. C'était très impressionnant d'entendre toute la salle de l'Olympia chanter pour moi. Seulement, lorsqu'une dame, très gentille mais qui ne paraissait plus très jeune, m'a dit qu'elle avait le même âge que moi, ça m'a fait prendre un sacré coup de vieux. Je me suis rendu compte que j'avais passé un cap.

– À vingt ans, pensais-tu atteindre ce cap de la soixantaine ?

Non ! À cet âge-là, on ne se projette pas dans l'avenir, on ne pense pas qu'on pourra un jour être aussi vieux que ses parents ou ses grands-parents. À vingt ans, on se croit invincible !

– As-tu encore des angoisses pour ta vie, ton métier ?

L'obsession de durer fait partie de notre métier. Tous les comédiens ont la même angoisse, se posent la même question. Moi, je suis sans doute un peu parano, car je pense sincèrement qu'un jour les gens vont finir par s'apercevoir que je suis un imposteur et que je suis mauvais. En fait, je ressens surtout une énorme angoisse de la mort depuis ma plus tendre enfance. Pendant longtemps, je me réveillais la nuit en hurlant, totalement paniqué. Bizarrement, cette angoisse s'atténue un peu avec l'âge, alors que, mathématiquement, la mort se rapproche de moi. Je suis néanmoins insomniaque, comme tous les gens obsédés par la fin, car le sommeil est une petite mort. Un ami a tenté de me rassurer en me conseillant de ne pas penser à l'après mais plutôt à l'avant. Avant ma naissance, je ne me portais pas mal, après la mort, ce devrait être pareil. Mais ça ne me console pas vraiment.

– *Es-tu hypocondriaque ?*

Non, je vais voir le médecin lorsque quelque chose ne va pas, pas davantage. J'ai commencé à fumer très tôt, et j'ai arrêté il y a deux ans, mais j'ai toujours des problèmes de souffle. Nous avons grandi dans un monde où fumer était une attitude virile ; on fumait partout, dans le métro, dans les cinémas… On n'avait pas encore pris réellement conscience du danger de la cigarette et de l'alcool. Dans certaines séries des années 1960, les héros passent leur temps à fumer et à boire.

– *Fais-tu du sport ?*

J'en ai fait dans ma jeunesse. J'étais mince, trop même puisque j'ai été réformé pour cause de faiblesse : je pesais cinquante-six kilos pour un mètre soixante-dix-neuf. J'ai dû arrêter le sport après m'être cassé une épaule, et depuis mes problèmes de souffle, je ne peux plus en faire du tout. C'est un peu le serpent qui se mord la queue.

– Comment vois-tu ton avenir ?

J'espère pouvoir refaire du sport, et surtout, continuer à travailler. J'ai déjà trois projets au théâtre qui vont m'occuper pendant les trois années à venir. Je suis un peu comme Pierre Arditi, j'envisage mon avenir en nombre de pièces de théâtre me restant à jouer. Ce qui ne veut pas dire que je ferai n'importe quoi. Au théâtre, il faut faire les bons choix, car on doit défendre le même texte tous les soirs pendant des mois. Nous n'avons donc pas le droit à l'erreur, pour nous-même et pour le public.

– Acteur, ce n'était pas ta vocation première, paraît-il.

Non, pas du tout. J'ai fait une école de commerce et commencé une carrière dans la publicité. J'ai connu l'âge d'or de la pub en étant grassement payé. Mais dès que j'ai découvert le théâtre, j'ai compris que c'était ma voie et je me suis inscrit aux cours de Tania Balachova, où j'ai croisé certains membres de la future équipe du Splendid, comme Thierry Lhermitte et Josiane Balasko. Lorsqu'ils ont commencé leur aventure, ils m'ont proposé de les rejoindre ; j'ai refusé : je n'avais pas envie de construire un théâtre. Et je les ai vus grimper en flèche. J'ai toujours regretté d'être passé à côté de cette aventure, car j'aurais été connu plus tôt et j'aurais gagné de l'argent plus vite. Aujourd'hui, à plus de soixante ans, j'aimerais avoir une maison à la campagne ou au bord de la mer pour me ressourcer. J'aurais aimé être riche à une époque où l'immobilier était encore abordable. Mais je me dis aussi qu'en suivant le Splendid, je serais resté uniquement dans le registre de l'humour et j'aurais peut-être raté de beaux rôles. De toute manière, on ne peut pas refaire l'histoire.

– *Est-ce que ton métier t'aide à bien vieillir ?*

J'ai joué cent quatre-vingts films, plus de soixante-dix pièces de théâtre. Incarner autant de personnages décuple l'impression d'être en vie. En campant des médecins, des flics et tant d'autres rôles, j'ai l'impression de mener plusieurs existences. Avec l'âge, je m'aperçois cependant que mon vrai truc, c'est de faire rire. Mon moteur, c'est l'humour. Dans mon métier et dans la vie. Sur un tournage, je suis en permanence dans la blague, c'est sans doute ma façon de me concentrer. Rire au moins dix ou vingt fois par jour aide à bien vieillir. Le rire est primordial et évite les problèmes cardiaques. J'ai fumé, je mange du beurre, de la crème fraîche, j'aime le bon vin, et pourtant, j'ai un cœur de jeune homme. Le rire entretient ce muscle, c'est pour ça que j'essaie d'apprendre l'humour à mes jumelles.

— Adèle et Lucie ont évidemment bouleversé ta vie...

Elles m'ont permis d'aborder la soixantaine dans la bonne humeur. J'ai eu mes deux aînés tôt, c'est pour ça que je suis un jeune grand-père, même si ça m'a foutu un coup. Mon petit-fils n'a qu'un an, mais je lui interdirai de m'appeler pépé ou papy. Il m'appellera Yéyé, ce qui signifie grand-père en chinois, comme ça personne ne saura que c'est mon petit-fils ! [*Rires.*] Avoir des jumelles à presque soixante ans, ça donne à la fois un coup de jeune et un coup de fatigue. J'ai la chance d'avoir deux fillettes adorables, pour qui je suis un dieu vivant. Elles viennent d'ailleurs de tomber sur un DVD où j'interprète un roi et où je porte une couronne. Je suis devenu un roi en plus d'être leur papa.

— Est-ce plus facile d'être père à soixante ans ?

C'est différent. Pour les premiers, j'étais paniqué et j'avais tout à prouver dans mon métier : mes priorités étaient ailleurs. À trente ans, on est forcément tourné vers soi-même et on veut réussir pour élever ses enfants dans les meilleures conditions. Aujourd'hui je n'ai plus de problèmes financiers, mais je ne veux pas élever mes jumelles comme des privilégiées. Elles sont en maternelle à Pantin, dans une école où tu trouves un melting-pot incroyable et j'essaie de les gâter sans exagération. Elles m'aident en tout cas à me maintenir en forme. Je ne veux pas qu'elles voient vieillir le grand-père qu'elles ont en face d'elles.

— *Qu'as-tu envie de leur transmettre ?*

D'abord, je te l'ai dit, j'essaie de leur apprendre l'humour. Cinq ans, c'est l'âge où l'on rit le plus, car les ennuis n'ont pas encore commencé. Dès qu'elles seront à la grande école, elles passeront aux choses sérieuses. Je ferai alors le maximum pour qu'elles suivent leurs envies et qu'elles puissent réussir dans le domaine qui les intéresse. Je leur souhaite de faire, comme moi, un métier-passion. C'est ce que j'ai également toujours voulu pour mes aînés. Mon fils est producteur de documentaires, ma première fille cherche encore sa voie, en prenant son temps car elle a la chance d'avoir un père qui peut l'aider.

— *À soixante ans, te sens-tu à l'aise dans ton époque ?*

Quand j'avais quarante ou quarante-cinq ans, j'avais tendance à penser que c'était mieux avant. Aujourd'hui, je trouve notre époque passionnante. Nous sommes à la croisée des chemins, et nous ne devons surtout pas rater le virage technologique, sinon nous resterons à la traîne. Malgré la montée des populismes, du chômage, j'apprécie les progrès de notre époque. Bien sûr, certains vivent dans la pauvreté, pourtant, dans l'ensemble, je crois que la vie est plus facile qu'avant.

— La religion peut aider à vieillir, mais ce n'est pas ton truc...

Je suis totalement athée. Mon père était juif, ma mère catholique. S'ils se sont mariés, c'est qu'ils n'étaient pas très pratiquants. Enfant, on m'a expliqué les deux religions ; je n'en ai choisi aucune. Mes jumelles ne sont pas baptisées, elles choisiront plus tard. En fait, j'aimerais croire en Dieu car c'est angoissant d'être persuadé qu'il n'y a plus rien après, mais ce sont des choses qui ne se commandent pas.

— Tu n'as plus tes parents, m'as-tu dit. Tu penses souvent à eux ?

Je regrette surtout qu'ils n'aient pas vu ma réussite. Lorsque je leur ai annoncé mon désir d'être comédien, alors que j'avais déjà une belle situation, ils se sont fait énormément de souci. Ma mère est morte à cinquante-six ans, mon père est mort dix ans plus tard, mais je commençais tout juste à sortir de l'anonymat. Je pense souvent à eux en me disant qu'ils seraient fiers de mon succès. Mon père était un juif russe. Son vrai nom était Berland. À son arrivée en France, l'officier de l'état civil l'a inscrit sous le nom de Berléand. Il est donc devenu le premier Berléand au monde. À l'école, mon nom a toujours été mal prononcé, et je me rappelle m'être promis, un jour, de faire connaître le nom de Berléand, pour qu'il ne soit plus jamais écorché. À quarante ans, je me suis souvenu de cette promesse, c'est peut-être ce qui m'a poussé à essayer de devenir *célèbre* !

– ***Le fait d'être connu te maintient jeune ?***

Ce n'est pas le fait d'être connu, c'est le fait de continuer à travailler. Lorsqu'on exerce un métier d'image, on est obligé de s'entretenir un minimum. Mon cas est un peu à part car j'ai fait vieux très tôt. À quarante-cinq ans, j'interprétais des personnages plus âgés que moi. Jean-Pierre Marielle m'avait prédit que j'aurais un boulevard devant moi et que j'aurais une longue carrière. Je ne veux pas entendre parler de retraite, ça ne m'intéresse pas, même si je comprends très bien le désir de beaucoup de gens de se reposer. Certains retraités peuvent enfin faire ce qu'ils veulent, s'adonner à une passion comme le jardinage ou la peinture. Moi, c'est différent. Ma passion, c'est mon métier. Mon rêve est de mourir sur scène, le jour de la dernière représentation, pour ne pas mettre toute l'équipe au chômage. [*Rires.*] Le rideau tomberait et moi aussi. Ça aurait de la gueule, non ?

– Qu'aimerais-tu que l'on dise de toi après ta mort, le plus tard possible ?

Il nous a bien fait rire, comment va-t-on faire sans lui… J'aimerais qu'il y ait de l'émotion à mon enterrement, mais j'espère aussi que ce sera gai.

– De quelle disparition ne t'es-tu jamais remis ?

Ma mère me manque toujours autant, même trente ans après sa mort. C'est la personne que j'ai le plus aimée et qui m'a le plus aimé. L'amour d'une mère est irremplaçable. Elle n'était qu'amour pour ses enfants, tout en étant très drôle. Sa mort fut un tremblement de terre pour moi. Mon ex-femme était enceinte de Martin, mon premier enfant. À sa naissance, trois mois plus tard, j'étais dans un état lamentable, je n'avais plus envie de rien. À l'époque, j'aurais voulu avoir une fille pour la transmission. J'en ai presque voulu à mon frère de donner le prénom de notre mère, Marie, à sa fille.

Dans le métier, la disparition dont j'ai du mal à me remettre, c'est celle de Claude Chabrol. On s'est connus assez tard, mais il est devenu comme un père pour moi. C'était un homme brillantissime, drôle, bon vivant et moins paresseux que beaucoup ne le pensaient. Il est mort à quatre-vingts ans en laissant cinquante films et vingt-six téléfilms derrière lui, et en ayant tourné jusqu'à soixante-dix-neuf ans. Je souhaite à tout le monde de travailler aussi longtemps.

– *Quels changements as-tu ressentis en atteignant les soixante ans ?*

On parle souvent de la ménagère de moins de cinquante ans, je suis devenu une sorte de ménager de plus de soixante ans et je reçois de plus en plus de publicités pour les monte-escaliers ou les baignoires à porte. C'est très désobligeant ! Dans les magazines, on évoque les vingt-trente ans, les quarante-cinquante ans, et soudain, les « soixante ans et plus ». On sent qu'il n'y a plus rien après. Comme on est nombreux à être de la génération du baby-boom, ils ont inventé l'expression « Senior plus » pour nous remonter un peu le moral. Et puis soixante ans, c'est aussi l'âge où l'on peut aller chercher sa carte Senior. C'est drôle, parce que les gens sont gentils et vous disent toujours que vous ne changez pas, mais il arrive tout de même un moment où le régisseur d'une tournée théâtrale vous demande si vous ne voudriez pas prendre votre carte Senior pour faire faire des économies à la production. La carte Senior, la boîte e-mail envahie de publicités pour les vieux, ça sent tout de même le début de la fin !

60 ans... Et alors ?

— *Et sexuellement, comment ça va ?*

Heureusement, on a le Viagra pour sentir encore quelques pulsions en tournée, des petites émotions. Je plaisante, mais il faut bien avoir de l'autodérision quand on prend de l'âge. Ça aide à faire passer le cap. Dans ma famille, je n'ai pas eu beaucoup d'exemples de vieillards rigolos ; je tiens absolument à être le premier. J'espère faire rire jusqu'à ma mort et je compte sur toi pour me faire signe lorsque tu feras un livre sur les plus de soixante-dix ans. Je te jure que je serai au rendez-vous !

*
* *

François Berléand... Nous avons une différence de taille, j'ai connu le succès très tôt et le sien est arrivé à quarante ans. C'est peut-être ce qui fait qu'il semble le spectateur de sa vie. J'admire son autodérision et le recul qu'il met entre lui et les événements. Je ne pense pas avoir ce recul, je suis encore trop la tête dans le guidon. Physiquement, il paraît avoir soixante ans depuis très longtemps, mais sous ses allures d'homme respectable, il est capable de faire une blague au bon moment pour déstabiliser la personne en face de lui. Nous avons exactement le même âge, et malgré les années, nous continuons à vouloir être rassurés par les bravos du public ou les encouragements des personnes qui nous emploient. Fort heureusement, je ne partage pas son angoisse de la mort, qui est presque une peur panique chez lui. Pour moi, la mort me semble logique, même s'il ne me semblerait pas logique de mourir à soixante ans, tout en sachant que cela peut survenir n'importe quand. Je fais peut-être preuve d'un incorrigible optimisme en pensant ça. En tout cas, l'âge m'a appris à profiter des instants de bonheur et je prends conscience de ce qu'est une belle journée. Avant soixante ans, je vivais les bons moments dans une forme d'inconscience, aujourd'hui je savoure à l'avance une après-midi à la plage ou un dîner entre amis. Cette faculté s'est renforcée à la mort de ma mère, disparue il y a quelques mois. Elle m'avait dit, même avant d'être malade : « Ce n'est pas de partir qui me fait de la peine, c'est de te laisser seul. » Je n'avais pas compris sa phrase car je me sentais entouré par ma femme, mes enfants. Aujourd'hui qu'elle n'est plus là, même si j'adore mon épouse et mes deux enfants, je comprends que le départ d'une mère peut nous laisser un sentiment de solitude. Je comprends mieux aussi ce qu'elle disait à propos de mon père. Il paraissait tellement solide qu'elle ne pouvait pas croire qu'il partirait un jour. Je sais qu'il y a des disparitions que l'on ne peut pas accepter. Elle a pris conscience ce jour-là qu'on était tous mortels. Et j'ai envie de dire à ma femme et mes enfants : « Ce n'est pas partir qui m'angoisse, c'est le fait de ne plus vous voir. » C'est pour ça que j'essaie de profiter d'eux au maximum.

JEAN-MARIE BIGARD

Jean-Marie Bigard est né à Troyes, il y a tout juste soixante ans. Comme il le dit lui-même dans sa biographie officielle, il a abandonné lâchement ses études à l'âge de vingt ans. Tour à tour hand-balleur en Nationale 2, professeur de gymnastique et barman, il a donné à ses premiers spectacles des titres accrocheurs : *La Chorale des gros chanteurs à la gueule de bois* et *Les Chœurs de l'armée du Rouge*. L'humour de Jean-Marie Bigard était déjà né, mais c'est en arrivant à Paris à trente ans qu'il tente vraiment sa chance dans le spectacle. Recalé au « Théâtre de Bouvard », il va devenir cathodique pratiquant dans « La Classe », l'émission qui permit à Pierre Palmade, Chantal Ladesou, Michèle Laroque et bien d'autres de se faire connaître auprès du grand public. Depuis trois décennies, succès oblige, il joue ses spectacles dans des salles de plus en plus grandes, passant du Point Virgule en 1988 au Stade de France en

60 ans... Et alors ?

2004, où il s'est produit devant cinquante-deux mille spectateurs, un record pour un humoriste à ce jour. Devenu papa de jumeaux à l'âge où l'on devient grand-père, il assume sa soixantaine flamboyante au point de vouloir convier la France entière à son anniversaire. Comme il ne pouvait pas inviter tout le monde chez lui, il a imaginé un autre moyen pour fêter dignement ses trente ans de carrière et son nouveau statut de sexagénaire : offrir ses meilleurs sketchs dans un spectacle intitulé *Jean-Marie Bigard fête ses soixante ans,* donné au Grand Rex et diffusé en simultané dans cent cinquante salles de cinéma, devant un public fidèle et conquis d'avance. Une manière de lui dire merci et d'affirmer à tous que même si la vie ne commence pas à soixante ans (il ne faut pas exagérer), à trois fois vingt ans il est loin d'avoir dit son dernier mot. Ses projets : écrire, être sur scène et pouponner. Il nous retrouve dans un bar de la capitale, un retour aux sources pour celui qui a créé ses premiers spectacles dans les bars de Troyes, une ville à laquelle il est resté très attaché.

*
* *

— *Pourquoi as-tu ressenti le besoin de faire un spectacle au Grand Rex, diffusé en simultané*

Jean-Marie Bigard

dans cent cinquante salles de cinéma, pour fêter tes soixante ans ?

Notre naissance sonne déjà le début de la fin. Dès la sortie de la touffe maternelle, nous sommes tous inscrits sur la liste de ceux qui vont mourir, dans un laps de temps plus ou moins long. La soixantaine représente les deux tiers de ma vie, et j'avais envie de fêter ça ! Mon existence est partagée en trois. J'ai commencé par le sport, ensuite est venu l'humour, et j'espère qu'il me reste un bon troisième tiers pour profiter de mes deux bébés, Bella et Jules, âgés de dix-huit mois. Avoir des jumeaux à presque soixante ans est la meilleure pilule rajeunissante. Cette nouvelle expérience me permet de bien vivre mon âge mais aussi de m'accrocher pour que ça dure le plus longtemps possible.

— As-tu vu passer ces trente ans de carrière ?

Non, tout est allé très vite. Ma vie d'avant et ma vie d'artiste. Peu de gens savent qu'à trente ans je n'avais pas encore mis un pied à Paris. J'ai débuté très tard dans ce métier, et personne ne m'a facilité les choses. Heureusement que j'étais libre comme l'air car, au départ, je ne gagnais pas d'argent. Je m'en fichais et c'est cette liberté qui m'a permis d'entrer sereinement dans ce métier. Si j'avais été père très jeune, je n'aurais sans doute pas eu la même vie. Je suis resté longtemps un adolescent attardé, et mon humour s'en ressent car ma grossièreté est avant tout enfantine.

– *N'as-tu jamais douté de ta réussite ?*

Non, parce que j'ai construit peu à peu toutes les marches que je devais gravir dans ce métier. J'ai commencé par l'écriture car on ne voulait pas de moi pour dire mes textes. J'ai toujours dû me fabriquer mes médailles tout seul. Ma réussite n'a pas été fulgurante, et c'est peut-être mieux ainsi.

– *Tu parais solide, mais on devine aussi ton énorme besoin d'amour et d'encouragement...*

Le choix de faire rire les autres n'est jamais anodin. Mon besoin d'amour est vital. Si je ne pouvais plus monter sur scène, je mourrais aussi sûrement qu'une fleur à qui on ne donnerait pas d'eau. Je n'ai pas vraiment été un enfant désiré car j'étais le quatrième de la famille, soit une bouche de plus à nourrir. Je n'avais donc qu'une solution : être drôle pour qu'on me garde !

– *Faire rire les autres pour éviter de pleurer ?*

J'ai écrit un livre qui s'appelait *Rire pour ne pas mourir*. En une année, ma mère est morte d'un cancer et mon père a été assassiné. J'avais vingt-deux ans, je suis passé de petit branleur à gros travailleur pour noyer mon chagrin dans le boulot et rendre mes parents, partis au Ciel, fiers de moi. À cette époque, je faisais mes trente-cinq heures en deux jours. Je travaillais avec bonheur. J'ai été professeur de gym et barman ; des métiers où il faut déjà être un peu comédien. Je n'ai pas peur de le dire, si mes parents n'avaient pas disparu si tôt, je serais sans doute propriétaire d'un bar dans ma bonne ville de Troyes aujourd'hui. Je n'aurais pas éprouvé le besoin de faire rire pour être aimé.

— *Tu es donc nostalgique de ton enfance ?*

Si une fée voulait exaucer mon vœu le plus cher, je lui demanderais sans hésiter de revivre l'année de mes treize ans. Pour la plupart, l'adolescence est une période maudite, à cause de la puberté ; moi, je me sentais milliardaire de bonheur, un bonheur que je ne retrouverai plus jamais. J'avais encore mes parents, et aucune responsabilité. J'ai vécu le passage de l'adolescence à l'âge adulte comme une joie extrême.

Je ne suis pas le seul à le penser : tout vient de l'enfance. Mes deux bébés ont été de grands prématurés, je n'oublierai d'ailleurs jamais cette période où ils sont restés entre la vie et la mort. Ils pesaient sept cent cinquante grammes à la naissance, étaient bardés de tuyaux, mais les infirmières savaient déjà que Bella était une vraie fille, avec un bon petit caractère, et que Jules serait un meneur d'hommes.

C'est incroyable. Eh bien moi, j'ai su très tôt que j'étais une nature, et j'ai très vite compris que pour être aimé, il fallait être le plus beau, le plus fort ou le plus drôle. J'ai choisi la troisième option.

– *Dieu fait partie de ton quotidien, penses-tu qu'il a veillé sur toi ?*

Je suis intimement persuadé que Dieu est présent dans le cœur de chacun. Mes parents, catholiques non pratiquants, m'ont élevé dans le respect des autres. Depuis toujours, je pense que Dieu nous envoie les épreuves dont il nous croit dignes. Il ne nous propose aucun obstacle que nous serions incapables de franchir. Lorsque je subis une épreuve, je suis donc ému de la confiance que Dieu me fait, et je trouve la force pour la surmonter. Chaque soir, je fais une prière pour demander à Dieu de m'accueillir pendant le sommeil. Il est essentiel de s'en remettre à Dieu au moment de s'endormir et de chasser toutes les mauvaises pensées. La nuit, on explore tellement de futurs potentiels qu'il vaut mieux les imaginer heureux.

– *Parviens-tu toujours à te libérer des ondes négatives ?*

Non, pourtant j'ai la volonté de tendre vers cela. Parfois, je m'endors encore avec un peu de colère en moi, mais je demande chaque matin à Dieu de me guider tout au long de ma journée. Si un gros con s'adresse à moi, j'essaie toujours de voir la petite lumière d'amour qui se cache dans son cœur. Je peux aussi l'envoyer chier, je ne suis pas un saint !

— Qu'as-tu envie de transmettre à Bella et Jules ?

J'essaie d'être un exemple pour eux. En me regardant vivre, j'espère qu'ils accumuleront assez de confiance en eux. La disparition de mes parents a agi sur moi selon le principe des étages d'une fusée : quand des étages se détachent, la fusée peut prendre de la hauteur. Alors, l'année où mes parents sont partis, je me suis demandé si j'allais tenter quelque chose. Je n'avais plus rien à perdre, et j'ai eu la chance que la disparition des deux êtres que j'aimais le plus au monde m'envoie très haut.

— N'as-tu pas hésité à devenir père à soixante ans ?

Si je les accompagne jusqu'à leur majorité, ce sera déjà formidable ! Et je vais tout faire pour, en m'entretenant et en n'étant addict à rien, sauf au boulot. Je ne peux pas vivre sans jouer et écrire. Parfois, ma femme me pousse hors du lit lorsqu'elle sent qu'une idée de sketch m'empêche de dormir. Je me lève, j'écris une demi-heure et je me rendors comme un bébé.

— *Quand tu ne travailles pas, que fais-tu ?*

Si je ne suis pas en train d'écrire, c'est que je dors ou que je suis décédé. Même lorsque je reçois des amis, je garde mon carnet de notes près de moi, afin de ne pas rater une idée.

— *Rien ne semble t'impressionner. De quoi as-tu peur ?*

S'il s'agit de mon métier, je n'ai peur de rien. Je me suis offert une très belle médaille quand j'ai joué un spectacle devant cinquante-deux mille personnes au Stade de France. J'étais le premier humoriste à réaliser cette performance et j'ai dû me battre contre les difficultés techniques pour que le public du dernier rang, placé à cent quatre-vingt-dix-huit mètres de la scène, puisse m'entendre aussi bien que les spectateurs des premiers rangs. Malgré les obstacles, je ne me suis jamais découragé.

En revanche, je suis inquiet pour mes enfants et mon épouse, comme tout le monde. Et je crains énormément de perdre la tête. Pour moi, la pire épreuve serait d'être atteint de la maladie d'Alzheimer. Lorsque le passé disparaît, il devient impossible d'avoir un futur. Il n'existe pas de pire solitude et ce doit être une souffrance terrible de ne plus savoir qui l'on est. Si un médecin m'annonçait que j'ai un cancer, je pourrais me battre et mettre toutes les chances de guérison de mon côté, puisque j'aurais encore la conscience de ma conscience. Mais perdre ce magnifique cadeau qu'est la conscience d'exister me semble insupportable.

– As-tu beaucoup d'amis ?

J'ai conservé des amis d'enfance, et quelques personnes rencontrées dès mon arrivée à Paris, comme Laurent Baffie ou Pierre Palmade. Ce sont des amitiés indéfectibles, basées sur l'humour.

– Faire un spectacle à l'occasion de tes soixante ans, cela veut dire que tu es heureux de vieillir ?

La pire des choses serait de ne pas vivre chaque moment à fond, même après soixante ans. Les gens qui refusent de vieillir me font beaucoup de peine. Il faut savoir profiter de tout, même de l'arrivée de la vieillesse. Évidemment, prendre de l'âge est plus facile pour un homme ; nous nous bonifions avec les années. Les femmes, elles, ont du mal à supporter leurs rides. Mais lorsque je vois, dans des soirées, toutes ces femmes refaites se ressemblant comme des sœurs, je trouve ça triste. J'aimerais tant lire des sentiments sur leurs visages. Certaines ne peuvent même plus exprimer la joie ou la colère tant elles sont liftées.

– ***Es-tu doué pour le bonheur ?***

Je pense avoir assez de force en moi pour être heureux malgré tout. Quand je suis devenu diabétique à quarante-trois ans, j'ai hurlé à l'idée de ne plus pouvoir vivre normalement. Et puis, une fois la colère passée, je suis rentré dans le rang, et j'ai appris à relativiser. Devoir se faire une piqûre au bout du doigt dix fois par jour, ce n'est pas plus pénible et contraignant que de se raser chaque matin. Et cette maladie m'a sauvé la vie. Je buvais bien, je brûlais la vie par les deux bouts, elle m'a donc fait prendre conscience de ma fragilité.

– ***As-tu déjà ton prochain spectacle dans la tête ?***

Oui, car j'ai toujours eu un spectacle d'avance. Je peux même te donner un scoop : mon prochain spectacle sera le dernier. Il s'appellera *Numéro 13*, avec comme sous-titre « Rien à branler », puisque ce sera le dernier. Ensuite, j'enchaînerai avec mes avant-avant-derniers spectacles, les Numéros 10, 11 et 12 !

Jean-Marie Bigard

— ***Pour quelles raisons ta femme est-elle tombée amoureuse de toi ?***

Elle a aimé mon compte en banque et, ensuite, elle s'est progressivement habituée à mon physique. En tout cas, c'est elle qui le dit…

*
* *

Jean-Marie Bigard… Contrairement à moi, il a souhaité faire une énorme fête pour ses soixante ans, et la partager avec des milliers de gens dans toute la France. Évidemment, j'ai du mal à le comprendre, moi qui ai fait profil bas le jour où je suis devenu sexagénaire. Mais il a tissé un lien si étroit avec son public qu'il me semble normal qu'il ait voulu partager ses trente ans de complicité avec le plus grand nombre. Pour ses fans, Jean-Marie Bigard c'est un pote, qui parle comme eux, et qui dit souvent tout haut ce qu'ils pensent tout bas. Je me sens très différent, car même si j'entre chez les gens depuis quarante ans par le biais du petit écran, j'ai du mal à me confier. Je suis un homme public mais je pense que les téléspectateurs me connaissent mal. Je me suis toujours intéressé aux autres plus qu'à moi-même, et je préfère interviewer un artiste que répondre aux questions des journalistes. Même vis-à-vis d'amis proches, je peux me montrer réservé, voire sauvage. En entendant

Bigard me dire que l'année de ses treize ans reste l'époque la plus heureuse de sa vie, j'ai réfléchi et me suis posé la question en ce qui me concernait. La réponse est venue aussitôt : les deux plus belles années de ma vie sont celles de la naissance de mes enfants. Je ne touchais plus terre et j'ai encore du mal à en parler tellement l'émotion était indescriptible. Mais où je rejoins Jean-Marie, c'est en pensant à mon adolescence. À treize ans, j'étais encore un bébé, mais à dix-sept ans, nous étions en 1968, j'ai découvert un truc formidable, les filles ! Bien sûr, je suivais mes études, j'aimais mes parents, mais les filles étaient devenues le centre de mon univers. Et lorsque je vois mon épouse, Isabelle, avec une petite robe d'été, je la regarde encore avec des yeux d'adolescent. Je pense en avoir gardé la fougue et le romantisme.

GUY CARLIER

Pour Guy Carlier, l'arrivée de la soixantaine a été synonyme de renouveau. Nouveau corps puisqu'il s'est délesté de quatre-vingts kilos grâce à un régime mais surtout à un suivi psychologique. Nouvel amour lorsqu'il tombe amoureux fou d'une jolie blonde qui n'est autre que Joséphine Dard – la fille de son idole de toujours, le créateur de San-Antonio –, une histoire comme on en lit seulement dans les romans. Nouvelle paternité puisque après avoir eu deux enfants d'un premier mariage, Guy est devenu à cinquante-huit ans le papa gâteau d'Antoine. Pendant longtemps, Guy Carlier fut le méchant du PAF, chassant la bêtise partout où elle se trouvait, dans les jeux et les émissions de télé-réalité, et se moquant cruellement parfois de ceux qui « causent dans le poste ». Guy Carlier était triste de faire de la peine à ses « victimes » mais il recommençait le lendemain, pris dans un engrenage. Dans la vie, il ne ferait pas de mal à une mouche, mais derrière un micro, Docteur Jekyll se transformait en Mister Hyde. Et pourtant, il n'a jamais oublié le petit garçon d'Argenteuil qui écoutait ses idoles sur un Teppaz ou sur un transistor. Les artistes, il les aime au point d'avoir changé de métier pour en devenir un. Jusqu'à quarante ans, la vie de Guy Carlier était bien loin des paillettes de ce show-biz qui le faisait rêver. Directeur financier, marié, père de deux enfants, il aurait pu témoigner dans une de ces émissions dont il s'est tant moqué ensuite, genre : « J'ai tout pour être heureux, et pourtant je m'ennuie. » On n'est pas raisonnable quand on a quarante ans, alors Guy a décidé un jour de vivre enfin une vie qui ressemblerait au petit garçon fou de Johnny Hallyday. Il s'est mis à écrire des chansons pour la jeune Melody, mais aussi pour Johnny son idole de toujours. Il a sévi avec ses chroniques décapantes sur France Inter au côté de Laurent Ruquier puis de Stéphane Bern. À la télévision, il intervenait dans l'émission au titre révélateur « On ne peut pas plaire à tout le monde », auprès de Marc-Olivier Fogiel, devenu son ami dans la vie. À cette époque-là, Guy Carlier faisait rire le public, mais en rentrant chez lui, il passait son temps à se détruire. Ses armes favorites : un pot de Nutella, une pizza… tout était bon pour régler ses comptes avec la vie. Aujourd'hui, Guy Carlier a appris à s'aimer, et même s'il a toujours l'impression d'être le petit gars d'Argenteuil, il a fait bien du chemin…

Guy Carlier

*
* *

— *T'étais-tu préparé à passer le cap de la soixantaine ?*

Non seulement je ne m'y attendais pas mais lorsque je donne mon âge, soixante-cinq ans, je ne crois toujours pas les mots qui sortent de ma bouche. Mon deuxième spectacle s'appelle *Route 66*, car cela évoque à la fois la route mythique mais aussi ma route vers les soixante-six ans. Je ne peux vraiment pas admettre mon âge. Quand j'ai fait ma tournée pour *Ici et maintenant*, mon régisseur me demandait ma carte Senior, et je n'aimais pas du tout ça. Je ressens un tel décalage entre mon amour du foot, du rock, et mon âge... Je ne suis pas sorti de mon enfance à Argenteuil. Jacques Brel chantait « Il nous fallut bien du talent pour être vieux sans être adultes ». J'espère avoir ce talent-là.

— *Tes idées et tes convictions sont-elles les mêmes qu'à quinze ans ?*

Depuis toujours, je suis en quête d'amour. Je ne savais pas sous quelle forme il arriverait mais je n'ai jamais dit qu'une chose : « Aimez-moi. » En fait, je le vois avec mon fils cadet, qui a sept ans, les enfants sont médiums et psychologues.

On commence par sentir les choses avant de les apprendre. J'ai progressé culturellement mais je vibre toujours autant pour les mêmes choses.

– À quoi vois-tu que les années défilent ?

Quand je fais écouter les Stones à mon fils de vingt-sept ans, je me retrouve dans la situation de mes parents qui me forçaient à écouter André Claveau. Et quand j'évoque Mai 68, j'ai l'impression d'être un de ces vieux messieurs qui nous parlaient de la guerre de 14. Je garde les mêmes enthousiasmes et pourtant Audrey Pulvar m'a fait remarquer très justement, un jour, que mes chroniques avaient perdu de leur insouciance. Mes textes à France Inter étaient très enfantins, je chambrais les gens de télé comme lorsque je me moquais des automobilistes dans le car qui m'emmenait en colo. Aujourd'hui, le fond est plus pessimiste.

– Cela veut dire que les années qui viennent seront nécessairement moins roses que les années passées ?

Oui, j'en suis conscient. Il y a dix ans, je raillais les gens âgés qui ne parlaient que de leur santé. Aujourd'hui, je me suis fait opérer du genou, je marche avec une béquille à cause d'une entorse et quand on me demande comment je vais, je m'entends raconter mes problèmes de santé.

– ***En fait, tu vis ce que tu brocardais il y a quelques années…***

Exactement. Je vis ce qui me faisait rire il y a quinze ans. Heureusement, je pratique l'autodérision. Je me souviens du temps où je charriais de vieux chanteurs qui garaient leurs déambulateurs devant l'Olympia ; aujourd'hui, je me retrouve au bar du Bristol avec une béquille. Mais malgré l'autodérision, on ne peut pas s'empêcher de penser à la dégradation physique inéluctable. Je l'ai peut-être moins senti que d'autres car je me suis détruit pendant de longues années. Il y a quinze ans, je pesais deux cent quarante kilos. Pendant la deuxième saison d'« On ne peut pas plaire à tout le monde », que Marc-Olivier Fogiel présentait sur FR3, j'ai passé neuf mois dans une clinique spécialisée dans les addictions. Grâce à un suivi psychologique, je n'ai plus jamais eu de crise de boulimie. Ce besoin de me détruire était une maladie, sans doute liée à ma quête d'amour. Même en étant connu, quand les gens me disaient qu'ils m'aimaient, je savais que ce n'était que de l'écume médiatique, sans aucun rapport avec ma propre valeur. Lorsque j'étais à France Inter, je balançais des horreurs devant un Stéphane Bern qui faisait semblant de s'offusquer. C'était un jeu, le public en redemandait. Et pourtant, en rentrant chez moi, vers 13 heures, je m'ensevelissais sous la bouffe jusqu'au lendemain matin. Je vivais seul dans mon pavillon d'Argenteuil, car je venais de me séparer de la mère de mes deux enfants. L'après-midi je me détruisais et le matin, j'allais faire le con à la radio, comme dans une cour de récréation. J'ai eu du mal à supporter le quiproquo qui s'est installé entre le public et moi. Je ne voulais blesser personne, je chambrais Julien Lepers ou Sophie Davant comme j'avais toujours chambré mes copains de classe ou mes professeurs.

– *Tu étais lucide sur toi-même ?*

Lors de ma première rencontre avec Marc-Olivier Fogiel, il m'a parlé des problèmes de poids de son enfance et m'a dit qu'il était toujours resté gros dans sa tête. Pour moi, c'était l'inverse. Pendant toutes ces années, je pensais en mince. Je ne regardais jamais cette masse qui passait devant le miroir. Ce qui me semble hallucinant aujourd'hui, c'est qu'en pesant deux cent quarante kilos, j'étais encore dans la séduction. C'est sans doute ce qui m'a sauvé. Aujourd'hui, je suis sorti de la boulimie mais il reste les dégâts du passé. Je suis obligé de recourir à la chirurgie esthétique pour me débarrasser de tissus adipeux tellement sédentarisés qu'aucun régime ne pourrait les faire partir.

– À cette époque, avais-tu peur de mourir ?

Bizarrement, j'aurais eu toutes les raisons de mourir, mais je n'avais ni cholestérol ni diabète. Jean-Michel Cohen, mon médecin, était étonné par les mystères du métabolisme humain ! Je me détruisais physiquement, mais dès qu'une petite boule apparaissait sur mon bras, j'avais peur de mourir d'un cancer de l'épaule. Lorsque j'entendais les sexagénaires parler de la mort, disant qu'ils y pensaient tous les jours, je me demandais comment on pouvait vivre avec ce genre d'obsession. Aujourd'hui, je me retrouve dans ce cas-là. D'abord parce que la mort rôde autour de moi. Je viens de perdre un pote de mon âge, qui était guitariste dans mon groupe au lycée. On l'appelait Buvette, et sa mort me semble inimaginable. Son épouse m'avait demandé de dire quelques mots à son enterrement, et je n'ai pas pu aller jusqu'au bout.

Dieu merci, dans notre métier, nous avons la chance d'avoir sans cesse de nouveaux projets, et c'est un vrai secret de jouvence. J'ai quitté Europe 1 pour suivre Laurent Ruquier sur RTL. Devenir une « Grosse Tête » est une nouvelle aventure. Comme je touche une retraite en tant qu'ancien directeur financier, je me demande ce que je ferais aujourd'hui si je n'avais pas franchi le pas en devenant « saltimbanque ». Je vivrais dans ma maison de Vézelay et j'appellerais mes amis pour que l'on parle de nos maladies.

— Soixante ans, c'est le moment de faire un bilan ?

J'ai passé la première partie de ma vie à faire des bilans comptables. À partir du moment où on fait un bilan, cela signifie qu'on clôt un exercice. Ma vie est loin d'être finie donc je n'ai aucune envie d'en dresser le bilan. À quarante ans, j'écrivais des chansons pendant mes voyages en avion, et je me suis dit qu'il était temps de tenter ma chance. La chanson de Melody, *Y'a pas que les grands qui rêvent*, est devenue un tube et m'a permis de changer de vie. Tout s'est ensuite enchaîné très vite, la radio, la télé et la scène. Être sur scène avec mon one-man-show restera ma plus belle expérience. Pourtant, j'ai beaucoup souffert physiquement pendant mes deux années de tournée. N'ayant plus de cartilage aux genoux, j'étais sans cesse obligé de prendre des anti-inflammatoires, mais le bonheur d'être sur les planches me faisait tout oublier. Et pour mon deuxième one-man-show, je vais encore plus savourer ma chance car mes soucis de santé seront loin.

— Tu as été père trois fois, une fois à vingt ans, une fois à trente-sept ans, et tu as eu Antoine à cinquante-huit ans. Tu n'as pas été le même père pour tes trois fils ?

Lorsque je suis devenu papa pour la première fois, je n'étais pas fini. J'étais fou amoureux de la mère de Stéphane. Elle était très belle et j'étais à l'âge où je pensais qu'on pouvait faire sa vie avec une femme simplement parce qu'on la trouvait belle. J'étais incapable de donner de l'amour car je ne m'aimais pas moi-même. Pour Stéphane, j'étais un père absent, toujours dans les avions. Il a fait des études brillantes, mais nous n'avons pas eu d'échanges pendant des années. Nous nous sommes retrouvés à la naissance de Raphaël, mon deuxième fils, dix-sept ans plus tard. Depuis, avec Stéphane, nous avons une connivence incroyable. Il connaît tout de mon parcours, il a assisté à ma destruction. Pour Raphaël, même si nous nous sommes séparés, sa mère et moi, alors qu'il n'avait que quatre ou cinq ans, je pense avoir vraiment joué mon rôle de père. J'avais commencé à écrire des chansons, mes horaires étaient plus souples, j'avais la maturité suffisante pour lui transmettre des choses importantes. Avec le dernier, Antoine, nous sommes en fusion complète. J'ai presque honte de le dire, mais j'ai beaucoup de mal à refuser qu'il dorme avec moi, lorsque nous sommes dans ma maison de campagne.

— Une maison où tu vis aujourd'hui ?

Oui, Joséphine et moi avons fait le choix de venir nous installer près de Vézelay, avec son fils Federico et notre fils Antoine. Les enfants se sont bien intégrés à cette vie de village. Et j'ai énormément de plaisir à écrire dans cette maison, achetée par mes parents dans les années 1960, au temps où il était « chic » d'acheter une maison de campagne. Grâce à l'*Indicateur Bertrand*, ils ont déniché une petite maison dans le Morvan, tout comme dans la série des *Saintes chéries*, tu te souviens ? Depuis quelques années, grâce à mes droits d'auteur, je l'ai agrandie et j'espère y passer le reste de mes jours, avec Joséphine, entouré de nos enfants et de nos petits-enfants.

– *Qui te connaît le mieux ?*

Sans hésiter, Joséphine, mon épouse. Son don d'observation et le regard qu'elle pose sur moi m'étonne et me bouleverse. Elle peut rester silencieuse pendant longtemps et me montrer ensuite à quel point elle a ressenti mes émotions de la journée. Lorsqu'elle fait des courses, elle me rapporte souvent l'objet dont j'avais précisément besoin. Joséphine m'aime comme personne ne m'a jamais aimé !

En amitié, avec Marc-Olivier Fogiel, nous nous sommes tout de suite compris et appréciés. Notre relation est très forte. Dans la vie, il me demande des conseils comme il pourrait le faire avec un père, mais c'est lui qui m'a appris toutes les ficelles du milieu de la télévision.

Guy Carlier

– Finalement, j'ai l'impression que tu aimes vraiment les gens...

J'ai souffert d'un malentendu au moment d'« On ne peut pas plaire à tout le monde ». Un jour, Isabelle Huppert est entrée sur le plateau et m'a dit à l'oreille : « Ne soyez pas méchant avec moi, j'ai très peur de vous. » Comment pouvait-elle imaginer que j'allais la chambrer, alors que je serais incapable de me moquer d'elle, ou de Philippe Noiret et Jean Rochefort, tous ces gens qui nous ont aidés à vivre ! J'ai soudain eu l'impression d'être devenu un monstre. Marco essayait de me rassurer en me disant que les téléspectateurs n'étaient pas dupes et savaient que je jouais un rôle, mais en fait la confusion était bien réelle. Ils ne comprenaient pas qu'on puisse être méchant à la télé et aimer les gens dans la vraie vie.

*
* *

J'ai été très heureux de rencontrer *Guy Carlier*, même si je pensais n'avoir rien de commun avec lui. Je n'ai ni son humour, ni son regard décalé sur les petites choses de la vie, et je n'ai jamais eu de tendances autodestructrices. Il a vécu plusieurs vies, directeur financier, auteur de chansons, chroniqueur à la télé et la radio, alors que j'ai toujours été dans la même ligne directrice depuis l'âge de quatorze ans. Mais j'ai senti qu'il n'avait jamais été aussi heureux qu'aujourd'hui. Sans doute grâce à sa femme qui l'aime et qui l'entoure… J'ai été frappé par la peine qu'a pu lui faire Isabelle Huppert quand elle lui a avoué qu'elle avait peur de lui. Il a pris conscience, alors, de l'impact de la machine médiatique, qui peut donner de vous une image déformée. J'ai fait partie de cette télévision où chacun joue un rôle. Quand j'animais des émissions à 20 h 30 sur TF1, on s'est moqué de mon sourire Ultra brite, de mon côté gentil, et même un peu lisse, pour pouvoir plaire aux dix-huit millions de gens qui me regardaient. Je n'étais pas aussi gentil que les gens le pensaient et Guy Carlier n'est pas aussi méchant que les gens le croient. Même si, aujourd'hui, la télé permet une plus grande liberté de ton, les répétitions, les caméras font qu'on ne peut pas être tout à fait naturel, et c'est sans doute tant mieux. Il faut donner une forme de spectacle et ne pas être à l'image comme dans sa salle de bains. Ce qui m'a frappé également chez Guy Carlier, c'est le décalage entre le petit gars d'Argenteuil qu'il est resté et son âge. Il n'en revient toujours pas d'avoir soixante-cinq ans ! Moi, étant obsédé par les années qui passent, j'ai toujours été conscient de mon âge, et je suis persuadé qu'il vaut mieux l'accepter, parce que lorsqu'il nous rattrape, ça peut faire très mal. Mais garder comme Guy la fraîcheur de l'enfance est un gage de bonheur et un défi au temps.

DAVE

En 1965, un jeune Néerlandais passionné de musique et de navigation arrive en France après un périple en péniche. Fils d'un professeur d'anglais et d'une danseuse classique, Wouter Otto Levenbach, le futur Dave, commence à chanter aux terrasses des bars de Saint-Tropez et se fait remarquer par le seigneur de ce village mythique, Eddie Barclay. En 1968, ce producteur va révolutionner la vie du jeune homme. Celui-ci participe à la comédie musicale *Godspell*, où il fera la connaissance de Daniel Auteuil, qui deviendra son ami pour la vie. À partir de 1974, avec *Trop beau*, reprise de *Sugar baby love*, rien ne sera trop beau dans la vie de celui qui va devenir le roi des hit-parades. Il enchaîne les tubes, *Vanina*, *Dansez maintenant*, *Du côté de chez Swann*, dont les textes sont écrits par Patrick Loiseau, son parolier et compagnon depuis plus de quarante ans. Mais la carrière d'un chanteur n'est pas un long fleuve tranquille et celle de Dave va connaître des hauts et des bas. Pendant ce qu'il appelle « la traversée d'un très joli désert », il continue à chanter. Bien sûr, les salles sont plus petites, une bande-son a remplacé l'orchestre, mais sa passion reste intacte. On ne l'entend plus chanter à la radio et à la télévision, mais il anime des émissions où son humour corrosif fait mouche. Il va également devenir l'égérie d'une marque de fromage, avec des phrases en clin d'œil comme celle-ci : « Dave aime l'édam (*les dames*). » Avec son camarade de jeu Marc-Olivier Fogiel, il va révolutionner les commentaires du concours de l'Eurovision en se moquant du look des candidats, à coups de remarques parfois cruelles mais tellement drôles qu'on n'y résiste pas. Ce champion de l'autodérision va fêter ses soixante-dix ans et continue de se moquer de son physique et de son âge. Un moyen, sans doute, de dédramatiser la mort qu'il côtoie depuis très longtemps. Ce rendez-vous dans un restaurant proche du quartier branché du Marais va me faire découvrir un Dave beaucoup plus sensible qu'il ne veut le laisser paraître…

*
* *

Dave

— *À presque soixante-dix ans, tu chantes encore. Lorsque tu étais enfant, pensais-tu que tu ferais carrière ?*

Dès l'âge de huit ans, je rêvais d'être chanteur à la radio, comme ceux que j'écoutais dans mon lit. Pour moi, beaucoup d'événements de notre vie sont écrits d'avance. Il faut donc croire que j'avais un destin de chanteur.

Et pourtant, rien ne me prédisposait à ça. Mon grand-père, d'origine très modeste, a réussi en son temps à devenir préposé de la Poste, ce qui était déjà un exploit. Et puis, ma famille paternelle comptait énormément d'avocats et était donc très loin du monde de la chanson.

— *Quand tu étais jeune, t'imaginais-tu vivre jusqu'à soixante-dix ans ?*

Pour ma génération, un homme de soixante-dix ans était un vieillard. À soixante ans, les femmes étaient des grands-mères habillées en noir et qui ne se maquillaient plus. On ne pouvait pas deviner qu'en un demi-siècle seulement, les grands-mères finiraient toutes avec la bouche de Patrick Juvet et Johnny Hallyday. [*Rires.*] Je peux me permettre de dire ça car ce sont des amis.

60 ans... Et alors ?

— Que ressens-tu face au temps qui passe ? La mort te fait-elle peur ?

En 2011, j'ai frôlé la mort. Avec le recul, mon pontage coronarien fut une expérience angoissante et enrichissante à la fois. Je crois que l'arrivée du sida dans les années 1980 m'a rendu serein face à la mort. J'ai commencé par perdre des relations, puis des amis très proches. Nous étions confrontés à une véritable guerre. La mort est entrée dans ma vie beaucoup trop tôt.

— Comment as-tu réagi ? Est-ce que cela t'a donné une rage de vivre ?

Avec mon compagnon, Patrick Loiseau, nous devons notre survie à nos voyages réguliers aux États-Unis. Nous avons compris avant tout le monde la gravité du sida, et cette maladie nous a fait prendre conscience de la fragilité de la vie. Du coup, ce danger qui pesait sur nos têtes nous a passé l'envie de faire des bêtises. Notre couple en est sorti plus fort. Ensuite j'ai perdu mes parents, ce qui est dans l'ordre des choses.

Je pense avoir une approche de la mort semblable à celle des Mexicains. Au Mexique, la mort est partout, et devient presque joyeuse. Moi, je ne la crains pas, ce qui ne m'empêche pas d'avoir des sueurs froides quand je me retrouve pris dans les turbulences d'un avion, car c'est alors une peur irréfléchie. Mais lorsque je fais le point, je me sens prêt : j'ai bien vécu, merci beaucoup et adieu ! Sur ma tombe, je veux que soit inscrit « Ouf ! ».

— *Comment peux-tu te sentir prêt à partir ?*

Grâce au sentiment d'avoir tout accompli. J'ai l'immense chance d'avoir trouvé ce que Jean-Louis Bory appelait notre « moitié d'orange ». Je partage ma vie avec Patrick depuis quarante-trois ans. Et j'ai le bonheur absolu de faire le métier que j'aime. Je ressens toujours ce mélange d'adrénaline et d'endorphine en entrant sur scène. C'est magique : pendant les concerts que je donne toutes mes douleurs s'évanouissent alors que, dans la vie, je souffre de partout. Tu verras, quand tu t'approcheras des soixante-dix ans !

— *Tu chantes depuis quarante ans. As-tu le sentiment de faire partie de la vie du public ?*

Pas moi, mais certaines chansons comme *Du côté de chez Swann*. Ça me plairait beaucoup d'imaginer les gens chantonnant quelques-uns de mes succès dans la rue après ma mort. Lorsqu'on me demande si je veux laisser une trace, je réponds que je ne suis pas une limace. Mais j'aimerais assez laisser quelques refrains dans la tête des générations futures.

– Crois-tu en Dieu ?

Mon père était protestant, d'origine juive. Ma mère était une athée convaincue. J'ai toujours parlé à Dieu, même s'il ne m'a jamais répondu.

– L'autodérision fait partie de ton show, c'est une forme de politesse, chez toi ?

C'est une protection. Je préfère me moquer de moi avant que les autres le fassent. Cela me vient de mon enfance. Lorsque ma famille a quitté la ville pour s'installer dans un petit village, quelques garçons sont venus me taper dessus avec leurs sabots car j'étais différent. J'ai alors compris que la différence faisait peur, d'une façon animale.

Je n'ai jamais oublié non plus l'histoire de ma poule sans plumes. Une de nos poules, atteinte d'une maladie, avait perdu toutes ses plumes. Après sa guérison, nous l'avons remise dans le poulailler. Les autres poules l'ont tuée car ses plumes n'avaient pas encore repoussé et qu'elle ne leur ressemblait plus.

– Tu t'es donc toujours senti différent ?

Enfant, je voulais faire partie des minorités. J'enviais ceux qui ne ressemblaient à personne. Je crois que toute ma vie j'ai eu envie de me faire remarquer. Avec le métier de chanteur, je dirais que c'est gagné.

– *Qu'as-tu appris de la vie ?*

La tolérance. Avec le temps, on comprend mieux les conneries des autres. Moi-même, j'étais un vrai petit con. Je me rappelle avoir un jour dessiné, en cours d'arts plastiques, une moustache sur une carte postale représentant l'œuvre d'un grand peintre italien. Mon professeur en avait eu les larmes aux yeux.

– *À plus de soixante ans, quelle place tes parents ont-ils dans ta vie ?*

Juste avant d'être euthanasiée en présence de ses enfants, ma mère nous a demandé de ne jamais l'oublier. Depuis ce jour, je m'impose de penser régulièrement à ceux que j'aime. Tant que l'on pense encore aux personnes disparues, elles ne sont pas totalement mortes. J'aime bien évoquer C. Jérôme, par exemple, pour lui permettre d'être encore un peu parmi nous.

– *As-tu des regrets ?*

J'ai fait des choses dont je ne suis pas fier, car la chair est faible. Mais lorsque je vois à quel point j'ai pu faire de la peine à l'homme que j'aime, je le regrette amèrement. Je regrette aussi une certaine forme de paresse chez moi, qui m'a sans doute empêché d'aller au-delà de mes limites. J'essaie d'être à la hauteur de ce que l'on me demande, sans jamais tenter de me surpasser pour autant. J'admire une femme comme Jeane Manson qui passe sa vie à apprendre pour rester dans la course.

— *Comment as-tu vécu la période où tu as été moins exposé dans les médias ?*

J'ai tout à fait compris que le public ressente envers moi une lassitude assez comparable à celle que l'on peut éprouver dans sa vie de couple. J'ai connu dix ans de succès, et puis les gens ont fini par en avoir assez de ma voix. Ce qui m'a fait tenir, c'est ma philosophie d'ancien beatnik. J'avais l'ambition de vivre en chantant mais pas de devenir riche et célèbre. Je suis content de chanter dans des sous-préfectures si la salle est pleine et le public heureux. Le pire est de chanter dans une grande salle à moitié vide. Il faut prendre conscience de ses limites.

— *Le public te connaît-il vraiment ?*

Je passe pour une langue de vipère, ce qui est totalement faux. Je suis toujours triste de faire de la peine à quelqu'un pour un bon mot. Mais je ne peux pas m'en empêcher.

Dave

– As-tu beaucoup d'amis ?

La plupart sont morts, je n'aime pas le terme « disparu ».

– Pour toi, il n'y a rien après ?

Cher ami, je vous le dirai si je pars avant vous. J'aimerais croire à la réincarnation, mais je peux juste imaginer que notre âme se dépose sur quelqu'un d'autre.

– As-tu encore des projets ? À soixante ans passés, avec la carrière que tu as eue, te reste-t-il encore des choses à découvrir ?

J'aimerais avoir mon *Jardin d'hiver*, comme Henri Salvador. Je n'ai jamais été invité à un festival, par exemple. Et je rêverais d'avoir, comme lui, un tube à quatre-vingt-quatre ans afin d'être enfin invité aux Vieilles Charrues.

– As-tu l'impression que les artistes vieillissent moins vite que les autres ?

On a tous en tête l'exemple de Jean d'Ormesson, ou de Charles Aznavour, éternels jeunes gens de quatre-vingt-dix ans parce qu'ils continuent d'écrire et de chanter, je suppose. Je pense qu'il est très difficile d'arrêter de travailler à l'âge de la retraite.

On se retrouve en tête à tête avec son conjoint. Ce passage ne doit pas être facile à gérer.

— *Tes préoccupations sont-elles différentes, avec l'âge ?*

Même si je fais encore très jeune, je me demande tout de même comment je pourrai monter l'escalier de ma maison de campagne dans quelques années. C'est le genre de problème auquel on pense avec l'arrivée des soixante-dix ans. J'aurai peut-être recours à un jeune homme pour me porter, ce qui ne serait pas désagréable d'ailleurs. [*Rires.*]

— *Prends-tu soin de toi plus qu'avant ?*

Mon métier m'a toujours obligé à faire attention. Depuis mon pontage, j'ai une prescription de cinq médicaments par jour et ça m'est très pénible. Cela m'effraie, même, car je ne sais pas vraiment ce que j'ingurgite quotidiennement. Comme toutes les personnes opérées du cœur, je dois prendre des statines. Certains médecins sont contre, car cela peut provoquer des crampes. Ce n'est pas très rassurant, mais ce sont des problèmes de mecs de soixante ans et plus… À l'hôpital, j'ai eu le malheur de demander au professeur Pavie si l'opération était risquée. Il m'a répondu qu'il ne pouvait pas le nier. Ce sont des moments que l'on n'oublie pas.

Dave

– Que te dis-tu en te regardant dans le miroir ?

Les mots qui me viennent sont « horrible » et « horrifiant ». Lorsqu'on a la gentillesse de me dire que je ne change pas, je réponds qu'il faut me voir nu pour se rendre compte à quel point j'ai changé.

– Tu restes toujours aussi enthousiaste, au moment de monter sur scène ?

Je donne du bonheur aux autres parce que j'en prends. Quand je vois Annie Cordy, à plus de quatre-vingts ans, oublier ses douleurs sur scène et devenir une autre, je me dis que j'ai encore de bons moments à vivre.

– Que fais-tu lorsque tu ne fais rien ?

Le temps qui passe m'a fait adopter cette thèse : après quarante-cinq ans, tout ce que l'on fait, c'est pour oublier que l'on va mourir. Un bon repas, un bon bouquin, un voyage, faire l'amour si l'on y arrive encore, c'est un peu « vivons heureux en attendant la mort ». Je suis un adorateur de Râ, le Dieu soleil. Être au bord de ma piscine avec un bon livre, préparer un repas végétarien pour mon compagnon et un bon morceau de viande pour moi, ce sont des petits moments de bonheur.

— Te prépares-tu tous les jours à la mort, comme le fait Roselyne Bachelot ?

En fait, on est de plus en plus pressé, car on sait qu'on a moins de temps devant que derrière nous. L'espérance de vie étant en moyenne de soixante-dix-neuf ans pour les hommes, on sait bien que certains doivent partir avant, puisque d'autres meurent à quatre-vingt-dix ans. C'est mathématique et angoissant. Je me force à penser à mes morts, pas à ma mort.

— Crois-tu au destin ou au hasard ?

J'aime cette formule qui dit que « le hasard, c'est Dieu qui se promène incognito ».

— Est-ce que la vie t'amuse encore ?

Je ris encore avec Patrick et avec mes amis, car on ne rit jamais seul. Rire avec la personne qui partage votre vie, c'est merveilleux. À quinze ou seize ans, je suis monté au sommet d'une colline italienne. À cet âge-là, on n'a besoin de personne tellement on se sent fort. Mais je me suis rendu compte, précisément à ce moment, qu'il était extraordinaire de pouvoir partager les moments de bonheur. Être heureux seul me paraît totalement impossible.

Dave

– ***Pourtant, lorsque tu es sur scène, tu es seul…***

Oui, mais je peux raconter mes émotions à quelqu'un.

– ***J'ai l'impression que tu as, très tôt, tout compris de la vie.***

J'ai su très jeune, comme Socrate, que je ne savais rien. J'ai commencé à lire dès l'adolescence des ouvrages destinés aux adultes. Mon père se demandait d'ailleurs ce que je lirais à trente ans. La lecture m'a ouvert au monde. Je me souviens également à quel point mon père aimait m'apporter la contradiction pour m'apprendre à dialoguer.

– ***As-tu caché certaines de tes opinions par égard pour ton public ?***

Je n'ai jamais vraiment caché quoi que ce soit. Au contraire, j'ai parlé très tôt de mon homosexualité, même si à l'époque personne ne m'a écouté. Je l'avais annoncée en 1969, dans une émission de Mick Micheyl. Lorsque j'ai commencé à avoir du succès, en 1974, tout le monde savait que je vivais avec un garçon mais cela ne faisait pas vendre. Ayant encore la nationalité néerlandaise, je fais tout pour m'adapter au pays qui m'a invité et qui me traite bien depuis tant d'années.

– Justement, après quarante ans, tu te considères encore comme un invité en France ?

J'aime bien l'expression « avoir le cul entre deux chaises ». Ayant passé mes vingt premières années aux Pays-Bas, j'y ai tout appris, et j'ai les qualités autant que les défauts des Néerlandais. Il me semblait donc logique d'en garder la nationalité malgré mon attachement certain à la France.

– Je t'ai toujours vu de bonne humeur. Es-tu un bon comédien dans la vie ?

Non, je suis vraiment fait comme ça. Je me lève de bonne humeur, je me couche de bonne humeur. Quand je partageais ma loge avec Daniel Auteuil, au moment où nous jouions *Godspell*, j'arrivais toujours heureux. Un jour, j'étais un peu à plat. Daniel était tellement déçu que je me suis dit que ce n'était pas mon rôle et, depuis, je laisse mes problèmes à la maison.

– Qui soutient l'autre, dans ton couple ?

Patrick a été très fort dans les moments difficiles. Lorsqu'il fallait quasiment me pousser dans une chaise roulante à l'hôpital, après mon opération, il s'est montré à la hauteur, toujours présent.

Dave

— *Comment peut-on vivre quarante-trois ans avec la même personne ?*

On le peut parce qu'on ne peut pas faire autrement. Un vrai couple, c'est moléculaire. Dès l'instant où tu as trouvé une personne avec qui tu te sens aussi bien que dans les bras de ta mère, il faut tout faire pour la garder !

*
* *

Dave est un type qui a toujours mené sa barque, et je ne dis pas ça parce que c'est un marin. Il donne l'impression d'être insubmersible. Il a su traverser les époques, les modes, être apprécié du public jeune, puis moins jeune, en assumant totalement tout ce qu'il était. Il n'a jamais caché ses vérités mais au fond, qui connaît vraiment Dave ? Je le crois hypersensible au point de cacher ses émotions par pudeur. Il a parlé de son homosexualité à une époque où ce n'était pas évident, et j'aime le couple qu'il forme avec Patrick Loiseau. Ils ont tout partagé, le meilleur comme le pire, en restant main dans la main. La vie ne nous a pas assez rapprochés, mais j'aurais aimé l'avoir comme ami. Il a chanté devant des salles de trois mille personnes avec un orchestre *live*. Puis, pendant la traversée de son « joli désert », comme il dit, il s'est retrouvé devant des salles de trois cents personnes sans pour autant en faire un drame. Il était aussi heureux, car il continuait à faire son métier. Dans ma carrière aussi, je suis passé de l'animation de *primes* sur TF1 devant dix-huit millions de téléspectateurs à l'animation de « Paroles de femmes » et « Pendant la pub », sur TMC, suivies par cent vingt mille personnes ! Lorsque Michel Thoulouze, alors directeur de TMC, m'a fait cette proposition, elle m'a intéressée car elle me permettait de me lancer dans quelque chose de nouveau. Et en tant qu'animateur, j'ai eu un plaisir fou à faire ces interviews intimistes dont on me parle encore vingt ans plus tard. J'aimerais d'ailleurs, dans la dernière partie de ma carrière, pouvoir concilier les émissions populaires que j'animais à TF1 avec le côté intimiste des émissions de TMC. Ce qui nous a sauvés, Dave et moi, c'est notre capacité d'adaptation. Un des secrets du bonheur est de s'adapter à toutes les situations et de prendre conscience que notre métier est aléatoire et nous offrira forcément des hauts et des bas. Mon éducation m'y avait préparé car mes parents n'étaient pas fonctionnaires, et leur salaire pouvait varier en fonction des saisons. Je sais depuis toujours que rien n'est acquis pour l'éternité.

ANNY DUPEREY

Héroïne depuis 1992 de l'une des séries préférées des téléspectateurs, *Une famille formidable*, Anny Duperey est avant tout une femme formidable. À huit ans et demi, la petite Annie Legras perd ses parents, asphyxiés au monoxyde de carbone dans leur salle de bains. Elle mettra plus de trente ans à coucher sur le papier cette histoire dans un livre bouleversant, *Le Voile noir*. Ce drame la rapprochera encore du public, qui en a fait une de ses comédiennes favorites. Au cinéma, elle a tourné avec Jean-Luc Godard, Alain Resnais et Sydney Pollack. Elle est l'épouse de Jean-Paul Belmondo dans *Stavisky*, et nous n'oublierons jamais ses jambes interminables dévoilées dans *Un éléphant, ça trompe énormément*, lorsqu'elle esquisse un pas de danse au-dessus de la bouche d'aération d'un parking souterrain, rendant fou de désir le pourtant très placide Jean Rochefort. Au théâtre, elle fit ses débuts aux côtés de Jean-Louis Barrault, l'un de ses maîtres, et fut la partenaire, à la scène comme à la ville, de Bernard Giraudeau, le père de ses deux enfants, Gaël et Sara. Avec lui, elle a dansé dans la comédie musicale *Attention fragile*. Elle a également fait frissonner la salle du gala de l'Union des artistes avec un numéro de trapèze à couper le souffle. L'année dernière, elle a réalisé l'un de ses rêves : interpréter sur scène *La Folle de Chaillot*. Elle prend toujours autant de plaisir à retrouver Bernard Le Coq et tous ses partenaires d'*Une famille formidable*, mais elle aime aussi écrire, jardiner, peindre, cuisiner, en un mot prendre la vie à bras-le-corps, malgré les drames qui ont jalonné son parcours. « Ce qui ne nous tue pas nous rend plus fort », et Anny est une femme forte, l'une des rares comédiennes à oser parler du temps qui passe et de son âge, sans détours. Elle me reçoit dans sa maison, un havre de paix en plein Paris, un petit coin de campagne indispensable pour cette terrienne qui a besoin de retourner régulièrement dans sa maison de la Creuse pour y retrouver les vraies valeurs.

*
* *

— *Comment as-tu pris l'arrivée de tes soixante ans ?*

Ça m'était totalement égal. J'ai toujours considéré le temps comme un long ruban qui se déroule, et j'oublie régulièrement les dates anniversaires, les miennes comme celles des autres. Je devance même les années, en arrondissant mon âge à l'anniversaire suivant. Il m'est même arrivé de m'ajouter deux ans car je ne suis pas très douée en calcul.

— *À quinze ans, les gens de quarante nous semblent déjà des vieillards. Quand tu étais petite, tu pensais, un jour, vivre jusqu'à soixante ans ?*

À l'époque de mes quinze ans, les femmes de soixante ans étaient déjà considérées comme des personnes âgées. Aujourd'hui, nous qui avons vécu 1968 et la période insensée des années 1970, représentons la jeunesse. Nous, les filles du baby-boom, sommes les enfants de ces libertés nouvelles. J'adore le titre d'un livre consacré à cette génération, *Elles pensaient qu'elles ne vieilliraient jamais*. Nous sommes nées avec le droit de vote pour les femmes, et l'ivresse de l'après-guerre. Nous avions vingt ans en 1968, nous avons vécu l'arrivée de la pilule, la libération des mœurs. Comment veux-tu qu'avec tout ça nous supportions d'être vieux ? On le supporte comme toi, avec ton air d'adolescent aux cheveux gris.

— *Merci du compliment, c'est vrai que nous avons eu la chance de ne pas connaître la guerre dans notre pays. Mais est-ce que tu fais partie de ces gens qui considèrent que la vie commence à soixante ans ?*

Bien sûr que non, il ne faut pas exagérer ! Toutes ces femmes qui tortillent du derrière pour cacher leur âge m'insupportent tellement que je me paie le luxe de parler de mon âge sans tabou. Mais je suis une exception. La preuve. Lors d'un déjeuner, pour fêter les soixante ans du restaurant parisien Le Pied de cochon, toutes les personnalités sexagénaires avaient été invitées. Eh bien j'étais une des seules femmes à être présente ! Celles qui cachent leur date de naissance ne sont pas totalement responsables, du reste, car elles sont victimes de ce jeunisme ambiant qui finit par m'agacer aussi. Nous vivons sous le diktat de la jeunesse, dans la presse et à la télévision.

– Est-ce qu'en prenant de l'âge, le besoin de revenir à ses racines se fait plus présent ?

Lorsqu'on vieillit, cela devient de plus en plus difficile. Non seulement mes parents et quasiment tous les membres de ma famille ont disparu, mais en plus les endroits où j'ai passé mon enfance ont tous été détruits. Quand j'ai rencontré Bernard Giraudeau, il possédait une maison dans la Creuse. Je m'y suis attachée et j'ai refait mon nid dans cet endroit merveilleux mais qui ne m'a pas vue grandir. Cette maison est devenue une compagne de vie, le lieu où j'écris. Je me confie à elle avant de me confier à mes proches et à mes lecteurs. Et puis la Creuse est un pays où la présence du passé est partout, car il n'y a jamais eu de remembrement. Ce sont des paysages de bocage où rien n'a bougé depuis deux cents ans. Les printemps sont magnifiques et je me dis que mes grands-parents pouvaient admirer les mêmes. C'est un passé très vivant qui m'aide à vivre.

– *Tu as un côté immuable car le temps ne semble pas avoir de prise sur toi. Et pourtant, on ne peut pas dire que la vie t'a épargnée. Mais je te retrouve, après des années, inchangée, comme si ta route était tracée...*

Souvent, le destin décide pour moi. Lorsqu'une tournée s'annule au moment où je suis très fatiguée, je le prends comme un signe. J'ai l'impression que j'obéis à un instinct, une sorte de sonar qui me prévient des dangers. Je n'irais pas jusqu'à parler de prescience, mais je ressens parfois des interdits. Quand j'ai signé mon contrat pour *Oscar et la dame rose*, j'étais angoissée à l'idée de jouer jusqu'à la fin avril, sans savoir pourquoi. Ma tante est décédée le 20 avril, ce qui m'a obligée à rompre mon contrat pour m'occuper d'elle dans les derniers jours. Je ne suis pas voyante mais j'ai des flashs clairs comme de l'eau de roche. Si une lumière rouge s'allume, on pourrait me traîner par les cheveux, je n'irais nulle part. Je n'en connais pas la raison, je sais simplement qu'il y a danger. C'est très courant chez les orphelins. Boris Cyrulnik m'a confié un jour qu'il voyait à l'avance devant ses yeux des chiffres qui correspondent aux chiffres de vente de ses livres. Notre statut de survivant nous a peut-être permis de développer des antennes.

– Tu te considères comme une survivante ?

Oui, car j'aurais dû mourir avec mes parents. Chaque jour qui passe est un jour gagné sur le destin. Pendant des années, je me suis sentie invulnérable. Je marchais à vingt-cinq centimètres du sol. Rien n'avait beaucoup d'importance, ni les échecs ni les gros succès. Ayant vécu la chose la plus lourde à supporter, rien ne pouvait me tourner la tête.

– La naissance de tes deux enfants t'a réconciliée avec la vie ?

La maternité m'a fait prendre conscience de la fragilité de la vie. J'étais terrorisée à l'idée d'avoir des enfants. Pour moi, c'était renouer avec le danger de la perte.

– Tu dis souvent que tu n'as pas su être mère.

Lorsqu'on a très peu de souvenirs de ses parents, il est difficile de devenir mère soi-même. Alors, je me suis adaptée, et j'ai dû inventer. Je voulais être la plus légère possible pour mes enfants. Dans mon grand malheur, j'ai quand même eu la chance de vivre ce drame à huit ans et demi, un âge où l'on a déjà beaucoup reçu, sans s'en apercevoir. J'avais un caractère déjà bien formé et la capacité de réagir.

— Qu'aimerais-tu transmettre à des jeunes gens qui ont vécu un drame, dont, a priori, on ne se remet pas ?

Un mot me vient immédiatement, c'est « confiance ». Il faut croire en ses possibilités de réparation, la fameuse résilience. Lorsque j'étais jeune, je ne craignais rien ni personne. Je faisais du trapèze à douze mètres du sol, sans protection, et sans une once d'angoisse. Je faisais tout pour ne pas tomber mais, comme je te le disais tout à l'heure, je me sentais invulnérable. Et puis un jour, cette absence de peur m'a fait peur. C'était anormal de ne pas trembler à ce point-là.

— Aujourd'hui, à soixante ans, tu as peur de perdre quoi ?

Mes enfants et mes petits-enfants, bien sûr. Et puis mon autonomie. À soixante ans, on commence à penser au corps qui lâche. Je me suis toujours dit que le jour où je ne pourrais plus faire de trapèze, je serais vieille. Donc aujourd'hui, je suis vieille !

– On arrive à un âge où l'on doit aller plus souvent à la révision, comme une voiture. On trouve toujours des hypocrites qui disent qu'on vit tellement mieux avec plus de recul. Parviens-tu à avoir ce recul ?

Il faut savoir avancer dans la vie avec bonne grâce. On m'a rapporté un joli mot de Danielle Darrieux. À une journaliste qui lui disait, très maladroitement, « Lorsqu'on a été si jolie, si merveilleuse, ça doit être terrible de se voir vieillir », elle a répondu : « Madame, ce qui est terrible, c'est de mourir jeune et belle. Vieillir est un privilège. »

– Avec les années qui passent, fais-tu encore des projets à long terme ?

Je n'en ai jamais fait au-delà de deux ans. Vivre avec un avenir trop encombré m'angoisse. Je peux avoir un projet de film, de livre, mais pas plus.

– Est-ce que l'écriture aide à se poser ?

Oui, bien sûr. Bizarrement, j'ai commencé à avoir des projets d'écriture lorsque ma tante s'est fait installer le téléphone. À mon arrivée à Paris, à dix-sept ans, je lui écrivais quinze pages chaque semaine pour lui raconter ma vie parisienne. Quand elle a eu le téléphone, nous nous disions en cinq minutes ce que je lui écrivais en quinze pages. Mon envie d'écrire est donc restée, a pris plus d'ampleur et j'ai débuté avec un scénario. Mais le plus intéressant étant ce qui ne se dit pas, j'ai vite opté pour un roman.

– As-tu l'impression de bien te connaître ?

Oui, je pense me connaître assez bien. Avec mon amie Nina, nous avons inventé un mot, l'« impitoyabilité ». C'est le fait d'avoir le courage de voir les choses en face. Je pense ne pas me mentir et, surtout, être à l'écoute de mon corps et de mon mental.

– Tu as vécu pendant presque vingt ans avec Bernard Giraudeau qui n'était pas doué pour le bonheur. Comment as-tu pu supporter cela, toi qui avais tout fait pour t'en sortir après avoir connu le pire ?

C'était épouvantable car il se méfiait du bonheur. Je l'ai quitté le jour où j'ai compris qu'il ne pourrait jamais être heureux. Nous avions deux enfants en pleine santé, nous faisions un triomphe au théâtre

Édouard VII, mais il trouvait encore le moyen de tout gâcher. Juste avant le lever du rideau, il prenait plaisir à saccager ce moment. C'était une horreur et, un jour, devant mon incapacité à le guérir, j'ai décidé de le quitter. Nous sommes partis en tournée avec *Le Plaisir de rompre* alors que nous venions de nous séparer, ça ne s'invente pas... J'aurais pu me reprocher d'avoir souffert pendant dix-huit ans à ses côtés. Mais sa maladie l'a transformé. Elle a fait ressortir tout ce qu'il avait de bon au fond de lui. Je ne m'étais pas trompée et ces épreuves m'ont réconciliée avec nos dix-huit années de vie commune.

– *As-tu des regrets dans ta vie amoureuse ?*

J'aurais adoré vivre une longue histoire d'amour, pour le meilleur et pour le pire, jusqu'à ce que la mort nous sépare. Vieillir ensemble, c'est magnifique et dur à la fois, car il faut pouvoir accompagner celui qui chute le premier sans prendre l'ascendant sur lui. Mais j'ai connu deux belles histoires d'amour avec deux hommes formidables et très différents. Cris Campion a su apaiser la petite orpheline inconsolable qu'au fond de moi je suis toujours restée. Il a su trouver le chemin pour me consoler, et je le remercie encore pour ces douze années de vie commune.

— Est-ce qu'à soixante ans passés, tu sais enfin ce dont tu as vraiment besoin pour être heureuse ?

La campagne m'est de plus en plus indispensable. En amour, comme dirait une vieille dame de mes amies, « j'ai été bien servie ». Aujourd'hui, je me contente de relations amicales, et je suis dans un état d'esprit tranquille. Puisque je n'ai pas eu la chance de connaître ce grand amour qui vous accompagne jusqu'au bout, je considère ma liberté comme un bien précieux.

Un jour, j'ai rencontré Agnès Varda dans mon quartier. Je lui ai avoué souffrir de vivre seule à mon âge. J'avais soixante et un ans, et j'avais rompu avec Cris. Elle m'a rassurée en me disant que toutes les femmes finissant seules, à cause des divorces ou des veuvages, il valait mieux s'habituer tôt. Sur le moment, ça ne m'a pas vraiment consolée, mais ça m'est resté.

— Avec ta vie professionnelle si bien remplie, as-tu encore des envies ou te dis-tu que tu as connu le meilleur ?

J'ai eu de beaux cadeaux comme *Une famille formidable* ou ma rencontre avec le réalisateur Joël Santoni, juste après avoir écrit *Le Voile noir*. Lorsque nous nous sommes aperçus que nous avions été orphelins à peu près au même âge, on s'est dit qu'il y avait des anges au-dessus de nous. Nous avons fait trente-sept films ensemble, ce qui a peut-être éloigné les autres metteurs en scène, car en fait je tourne peu. Mais je n'ai jamais rêvé d'un rôle en particulier. J'ai toujours fait en sorte que la célébrité soit douce. L'écriture de mes livres a renforcé les liens qui existaient déjà entre le public et moi. En fait, j'ai du mal à comprendre les acteurs qui fuient la notoriété. Je l'ai toujours considérée comme une conséquence sympathique de notre métier. Je pense qu'entre mes livres et *Une famille formidable*, les gens ont une vision assez cohérente de ce que je suis dans la vie. Mon image publique et mon image privée sont assez proches.

— *Quand tu vois Michel Galabru ou Michel Bouquet sur les planches à plus de quatre-vingt-cinq ans, qu'est-ce que cela t'inspire ?*

Je comprends qu'ils aillent aussi loin, et moi-même, je ne m'arrêterai que si je suis trop mal en point. C'est agréable de profiter de l'expérience acquise tout au long de sa carrière. Et puis, dans notre métier, on a de la chance, il existe des rôles de vieux et de vieilles. Mon âge m'a ainsi permis de connaître le bonheur de jouer *La Folle de Chaillot*, l'un des plus beaux rôles pour une femme. Et si je dois arrêter un jour, je pourrai m'adonner à une passion, restée en friche depuis ma jeunesse : la peinture. J'ai fait les Beaux-Arts avant de me présenter au Conservatoire de Rouen. Mais la solitude du peintre m'a fait peur, et j'ai choisi d'être comédienne. Mon rêve aurait été de trouver mon vrai style en peinture. Je me reconnais, tout de même, dans quelques tableaux peints avec sincérité, mais il me manque un petit quelque chose.

— Penses-tu avoir été une femme d'intérieur ?

Ah non alors ! Je vais te confier quelque chose. Ne pas faire le ménage fut un des buts de ma vie. Je n'ai jamais voulu savoir comment marchait un aspirateur. Lorsque j'étais au Conservatoire, à Paris, je vivais dans un studio de quatorze mètres carrés, mais je préférais manger des pâtes pour me payer une femme de ménage. En revanche, j'aurais adoré acheter des maisons et les retaper.

— En définitive, est-ce que c'est avantageux d'avoir soixante ans ?

Je n'irais pas jusqu'à dire ça. En fait c'est la carcasse qui pose problème. Les doigts déformés par l'arthrose, des conneries comme ça. Comme le dit Jane Birkin avec son adorable accent : « Le problème, ce n'est pas de vieillir, c'est de vivre avec la peau qui plisse. Il faudrait carrément la taille en dessous. »

*
* *

60 ans... Et alors ?

Anny Duperey... je la connais depuis très longtemps et je l'ai trouvée d'une sérénité incroyable. Après avoir décidé de sa vie, s'être sortie d'une enfance choquée, bouleversée, traumatisante, avoir beaucoup lutté, notamment au côté de Bernard Giraudeau qui, pour moi, restera l'homme de sa vie, elle semble aujourd'hui se laisser bercer par l'existence, un peu comme lorsqu'on est allongé dans un hamac. Je me souviens de nos conversations, sur nos espoirs, nos projets, nos enthousiasmes. À plus de soixante ans, elle laisse le temps poursuivre son œuvre. Elle a fait largement ses preuves au cinéma et au théâtre. L'écriture lui a sans doute fait du bien, l'a aidée à se poser et à partager ses douleurs pour avoir moins mal. C'est tellement dur de perdre ses parents à huit ans. Quand on doit traîner ça dans son cartable de petite fille, on ne voit forcément pas les choses comme les autres. Aujourd'hui, elle ressemble à sa maison, un peu à l'écart, mais proche du cœur de l'existence. Avec elle, j'ai pris une véritable leçon de vie, car on se demande inévitablement comment on aurait réagi en ayant perdu ses deux parents dans des conditions si atroces. En la voyant sereine, on se dit qu'elle nous prouve que la vie est plus forte que tout et que, à force de volonté, l'insoutenable peut être dépassé. Je lui souhaite de devenir une vieille dame souriante, à qui les épreuves auront donné la force d'affronter la fin du parcours. C'est aussi l'une des seules femmes qui acceptent de parler franchement

Anny Duperey

de leur âge. C'est vrai qu'il y a une injustice. Un homme s'améliore souvent en vieillissant, une femme doit cacher ses rides et ses premiers cheveux blancs. Notre société est ainsi faite, et pourtant, il y a de très jolies femmes de plus de soixante ans. Et je souhaite aussi à Anny de devenir une adorable grand-mère et de fêter ses cent ans, comme Gisèle Casadesus l'a fait en juin 2014. Finalement, cette conversation avec Anny Duperey m'a rassuré sur le fait de vieillir. Rien que pour ce moment passé avec elle, je me dis que ce livre peut être utile à nombre de lecteurs.

FRÉDÉRIC FRANÇOIS

L'histoire du petit Francesco Barracato ressemble à un conte de fées, touchant et porteur d'espoir. Francesco est né à Lercara Friddi, en Sicile. Lorsque la mine de soufre ferme ses portes, la famille doit partir vivre en Belgique. À la maison, il n'y a pas d'argent mais les huit enfants sont riches de l'essentiel, l'amour. Ils n'ont pas les moyens de s'offrir des disques mais grandissent au son des chansons napolitaines fredonnées par Peppino, le papa. À dix ans, Francesco fait ses débuts devant un public en chantant *O sole mio*. Son père croit en lui et va tout faire pour que Francesco Barracato devienne chanteur. Avec son maigre salaire, il fait fabriquer cinq cents disques qu'il part vendre un à un dans les cafés de la région, et lorsqu'il voit Francesco en première partie de Johnny Hallyday, il comprend qu'il a eu raison de croire en son fils chéri. Francesco devient Frédéric François, en adoptant les deux prénoms de Chopin. Pantalon pattes d'éléphant, cheveux longs et sourire éclatant, il devient dans les années 1970 un « chanteur à minettes ». Mais sa carrière va se poursuivre bien au-delà et Frédéric sera le chanteur préféré de plusieurs générations. Depuis quarante ans, les femmes rêvent en écoutant leur idole chanter *L'Amour à l'italienne, Laisse-moi vivre ma vie, On s'embrasse, on oublie tout, Mon cœur te dit je t'aime*. Ses chansons accompagnent son public dans les bons et les moins bons moments. Combien de couples se sont dit « Je t'aime » en dansant sur les chansons de celui qu'ils appellent tendrement « Fredo » ! Frédéric François a vendu plus de trente-cinq millions de disques, obtenu quatre-vingt-cinq disques d'or et chanté plus de trois cent cinquante chansons en quatre langues, mais il n'oublie pas ses origines. Il fait rêver toutes les femmes mais la femme de sa vie s'appelle Monique. Ils avaient vingt ans lorsqu'ils ont eu le coup de foudre, et depuis, ils sont amoureux comme au premier jour. Oui, la vie de Frédéric François pourrait être un roman, dont toutes les pages ne sont pas encore écrites. Il m'a fait l'amitié de venir en train, depuis sa Belgique d'adoption, pour nous parler de son parcours hors du commun.

*
* *

– Pour un chanteur de charme, dépasser la soixantaine, est-ce un drame ?

Non, je ne le vis pas du tout ainsi. Mes tempes grisonnantes éclairent mon visage, et le fait d'être mieux dans ma peau qu'autrefois accentue mon charme, si j'en ai. [*Rires.*] L'amour est éternel, les chansons d'amour aussi, et les chanteurs de charme encore plus, la preuve avec Charles Aznavour, qui continue de chanter l'amour sur les scènes du monde entier à plus de quatre-vingt-dix ans. Bien sûr, les mots, les histoires ont évolué depuis mes débuts, mais j'espère avoir su m'adapter et je compte faire rêver mon public pendant encore de nombreuses années.

– Tu es vraiment mieux dans ta peau qu'il y a vingt ou trente ans ?

Je pense avoir acquis une certaine sérénité. Et puis avec l'âge, on prend le temps de regarder en arrière, et lorsque je vois mon parcours, je le trouve formidable. Je me revois petit garçon dans le charbonnage où j'ai grandi. Mon père rêvait de me voir quitter la mine. Il voulait que son fils devienne chanteur, et grâce à ses efforts, le rêve est devenu réalité. C'est lui qui m'a fait faire mes premiers disques et qui les a vendus dans les bars de la région !

Et un jour, comme dans un conte de fées, une voiture rouge décapotable s'est arrêtée devant chez nous. Le passager était un producteur de disques. Voilà comment l'aventure a commencé. Ma réussite était tellement improbable qu'elle n'en est que plus belle et je regarde avec beaucoup de tendresse ce père et ce fils qui se sont accrochés à leurs rêves. Je n'ai pas peur de le dire, je n'ai pas touché de royalties sur mon premier contrat, mais nous étions les plus heureux de la Terre. En quelques années, je me suis retrouvé en photo aux côtés de Mike Brant ou Gérard Lenorman dans *Salut les copains*, la revue que je dévorais avec passion lorsque j'étais adolescent. Et voilà que chacune de mes chansons devenait un tube énorme, au point de se vendre à un million d'exemplaires en trois mois !

— *Avais-tu le temps de profiter de ces succès ?*

J'avais du mal à réaliser car tout s'accélérait. Mon succès est arrivé très vite et la vie est passée aussi rapidement. J'ai tout de suite fait des spectacles et je suis heureux que mon père ait pu venir m'applaudir à l'Olympia. Il a tellement fait d'efforts pour moi ! Dans ma vie entrait le merveilleux, même si j'ai dû faire des sacrifices. J'ai notamment le regret de ne pas avoir assez profité de ma femme et de mes enfants pendant ces années folles où je faisais plus de deux cents galas par an. Et puis, je n'ai pas assez vu mes parents qui ont disparu trop tôt.

— *Tu y penses encore, aujourd'hui ?*

Chaque jour, en rentrant chez moi, je peux contempler une vitrine pleine de petits objets qui me tiennent à cœur, comme un morceau de rideau de l'Olympia, mais surtout la photo de ma mère et celle de mon père qui trônent à la place d'honneur. Et chaque matin, je leur dis bonjour. Si je suis aussi heureux dans ma vie à plus de soixante ans, c'est grâce à eux. Ils m'ont donné les moyens d'avoir une existence rêvée, sans en être conscients.

— *Ton père croyait en toi plus que toi-même ?*

C'est certain. Mon père parvenait à faire quelques économies sur son maigre salaire pour pouvoir partir en Sicile avec sa famille, revoir ses parents. Il tenait énormément à ces retrouvailles. Mais l'année de mes treize ans, il a utilisé cet argent pour m'acheter du matériel de musique. Il a sacrifié ces instants passés avec ses parents parce qu'il croyait en moi. C'est lui qui a chamboulé ma vie. Cet ouvrier mineur, père de huit enfants, a fait plus que son devoir pour que je puisse vivre ma passion jusqu'au bout. Je ne l'oublierai jamais.

— *Te souviens-tu du jour de tes soixante ans ?*

Il faisait très beau ce 3 juin 2010. Un ami est venu chez moi, avec sa jeune nièce atteinte d'une maladie grave. Elle voulait me rencontrer et nous sommes allés nous promener tous les deux. Tranquillement, elle m'a guidé jusqu'à la maison de mon fils. Nous entendions des voix et de la musique, et soudain une trentaine de personnes sont sorties dans le jardin, déguisées en cow-boys ou en Indiens. Ils m'avaient organisé une belle surprise.

– *Dans quel état d'esprit étais-tu ?*

Je n'ai pas eu le temps de réfléchir de toute la journée car je voulais profiter de la fête. Mais lorsque je me suis retrouvé seul, je n'ai pas pu m'empêcher de me dire : « Mon Dieu, soixante ans déjà ! Que me reste-t-il à vivre ? » Comme tout le monde, je voudrais que rien ne s'arrête. Et pourtant, je sais que personne n'est à l'abri d'une maladie. Alors je mesure le temps que j'ai encore devant moi et j'essaie de le vivre intensément, en profitant autant que possible de mes enfants et de mes petits-enfants. Je sens bien qu'ils viennent plus volontiers me voir, eux aussi. Les années passant, prendraient-ils conscience que je ne suis pas éternel ? J'ai peur de ce temps qui court, comme tous les êtres humains, et je me pose beaucoup de questions. Mais j'aime aussi assumer mon côté patriarche, tentant de préserver sa tribu. C'est le rôle des sexagénaires.

Frédéric François

– *Tes récents problèmes de santé t'ont-ils fait prendre conscience que cela pouvait t'arriver à toi aussi ?*

J'ai fait un *burn out*. Dans nos métiers, nous n'avons pas le droit de nous arrêter, même lorsque nous sommes malades, pour ne pas décevoir le public et mettre dans l'embarras les gens qui nous font travailler. À force de ne pas vouloir gâcher la fête du public qui me fait l'honneur de se déplacer pour m'applaudir, j'ai dû aller au-delà de mes forces. Il m'a fallu une année entière pour me relever. Et cela m'a permis de réfléchir. J'ai pris conscience de ma fragilité, et même si je veux continuer à travailler, je m'organiserai maintenant pour ne pas aller trop loin. C'est pourtant une résolution difficile à tenir car nous sommes pris dans un engrenage afin de respecter les contrats, les prestations. Et puis j'entends également une petite voix me conseiller de ne pas m'arrêter dans cette course au succès, car lorsqu'on se gare sur le bas-côté, on risque de laisser passer tout le monde devant soi. Même si je sais le public fidèle, j'ai toujours peur d'être oublié en m'absentant trop longtemps.

– *As-tu appris à prendre du temps pour toi ?*

J'essaie de préserver des moments de communion spirituelle où je me retrouve face à moi-même, redevenant celui que j'ai toujours été. Dès l'âge de huit ans, j'adorais servir la messe et, aujourd'hui encore, je vais à l'église dès que je le peux. Ma croyance reprend le dessus dès que je suis seul, et je nourris cette solitude de prières qui me guident et me protègent.

— *Penses-tu avoir été épargné par Dieu ?*

Épargné, je ne sais pas, mais guidé, très certainement. Lorsque je suis en méditation, j'obtiens toujours des réponses à mes questions, et ces réponses me font avancer dans la vie.

— *Aimerais-tu vivre vieux ?*

Quand on trinque en Sicile, on se souhaite tout le bonheur du monde et cent ans de vie. Dès l'âge de vingt ans, je rêvais de vivre très vieux. Je m'imaginais patriarche, entouré de mes enfants, de mes petits-enfants, ayant passé toute une vie aux côtés de la même femme. Cette image est le symbole de la réussite d'une vie pour moi. J'aimerais avoir le temps de transmettre tout ce que j'ai appris à mes enfants, mes petits-enfants, et pourquoi pas mes arrière-petits-enfants, en leur laissant l'image d'un bonheur serein.

— Tu disais tout à l'heure qu'il t'arrive de mesurer le temps que tu as encore devant toi. À quoi penses-tu dans ces moments ?

Mon arrière-grand-mère a vécu jusqu'à cent cinq ans. Cela me réconforte un peu car mes parents sont tous deux morts à soixante et onze ans. J'essaie de ne pas y penser, mais cette idée me perturbe un peu. À soixante-quatre ans, il me resterait donc sept ans à vivre. Cela signifie trois albums à faire et sept Noëls à partager. Ces pensées m'attristent et me font sentir tout petit, dans un monde immense. Je me dis : « Mon Dieu, il n'y a rien en dessous, rien au-dessus, et le vertige me prend. Qui sommes-nous sur cette toute petite planète ? Pourrai-je encore longtemps subvenir aux besoins des miens ? » Je n'ai pas de temps à perdre et je cours chez le médecin au moindre petit bobo, parce que j'ai peur. Je veux me soigner au plus vite car je ne suis pas à l'abri d'une mauvaise surprise.

— Qu'est-ce qui te motive encore, à soixante-quatre ans ?

Je pense à tous ces gens qui me disent que mes chansons apportent du bonheur. Ces témoignages émouvants me donnent envie de continuer. Ils m'ont tellement donné, en me remerciant d'exister, en me disant que je les accompagne dans leur solitude. Quarante-cinq ans après mes débuts, ce sont eux qui font que je suis encore présent aujourd'hui. Je ne peux pas les trahir en abandonnant mon métier. Et puis, plus que jamais, être sur scène m'émerveille. Voir le public m'applaudir, fixer tous ces regards, ces sourires, m'émeut toujours autant.

— Pourquoi as-tu toujours éprouvé le besoin de faire partager au public des moments intimes de ta vie ?

Comme Céline Dion, je viens d'un milieu si modeste que j'ai besoin de tout dévoiler ! Par fierté d'abord, et pour montrer aux autres que l'on peut réussir, même en venant d'une famille nombreuse et pauvre. Très petit, j'ai compris que nous étions dans le besoin, même si mes parents faisaient tout leur possible pour que nous ne manquions de rien. Lorsque mes parents se disputaient, je le vivais comme un cauchemar. Leur séparation aurait fait s'écrouler mon monde. Lorsqu'ils se réconciliaient, ma vie reprenait comme avant. C'est peut-être pour ça que je suis marié depuis 1970. Mon message est simple : « Le soleil brille pour tout le monde, bien sûr il faut beaucoup de travail et un peu de chance, mais on peut tous y arriver. » Cela me fait du bien de montrer ma vie semblable à un conte de fées.

– Quels rapports entretiens-tu avec l'argent, toi qui en as tellement manqué ?

Comme il n'y a pas de place dans l'au-delà pour un coffre-fort, j'ai préféré faire en sorte que mes enfants aient tout ce que je n'ai pas eu étant gosse. Tout petit, en voyant les enfants s'amuser sur un manège, je me disais qu'un jour moi aussi je pourrais m'amuser, tirer à la carabine et monter sur le manège, comme les autres. Je suis fier d'avoir pu offrir à mes enfants une enfance différente de la mienne, même si je n'ai jamais manqué de l'essentiel, l'amour. Je les ai gâtés tant que j'ai pu. Est-ce bien, est-ce mal ? On peut en discuter longtemps car il n'existe pas d'école pour être de bons parents. Mais j'espère tout de même qu'ils apprécieront la vie à sa juste valeur.

– Quel souvenir gardes-tu de ta rencontre avec le pape Jean-Paul II ?

Jean-Paul II n'était pas un pape comme les autres. Il était ouvert sur le monde, il a beaucoup voyagé, allant vers les foules. Lorsque j'ai reçu son invitation, j'ai tout d'abord cru à une blague. Mais j'ai su ensuite qu'il m'avait choisi, et pas au hasard. En effet, avant que nous y soyons conviés, le Vatican veut savoir si nous sommes mariés à l'église, non divorcés ; nous devons entrer dans les critères de l'Église catholique. J'ai pu le rencontrer durant une audience privée au cours de laquelle il m'a offert un chapelet que je garde précieusement. Ces deux minutes resteront gravées dans ma mémoire.

– Ressens-tu une ferveur presque religieuse quand tu chantes en public ?

C'est parfois très proche. La voix fait passer une émotion qui peut être presque mystique. Lors de mon dernier Olympia, en chantant *Mamina*, une chanson consacrée à ma mère, j'ai senti à quel point je touchais le cœur de chaque spectateur. Je leur apporte de l'émotion mais aussi de la force. Je sais qu'un concert peut insuffler de l'énergie à la plupart de mes fans, car ils me le disent souvent.

– Beaucoup de gens adorent Frédéric François, mais est-ce que Francesco Barracato s'aime bien ?

Francesco Barracato, c'est l'homme, Frédéric François, le chanteur. Lorsque je retourne en Sicile, tout le monde m'appelle Francesco, et cela me fait du bien. J'ai mis vingt ans pour devenir Frédéric François, mais je suis toujours resté Francesco au fond de moi.

*
* *

Frédéric François

La vie de *Frédéric François* pourrait être un roman dont le titre serait : « Mon père ce héros ». Le père de Frédéric François a remué des montagnes pour que son fils réalise son rêve de devenir chanteur. Et avec quel succès ! Frédéric François fait partie de ces artistes qui « n'ont pas la carte », et qui, tout en étant un peu méprisés par les médias, remplissent des Olympia, ce qui est un beau pied de nez à ceux qui croient avoir tout compris. Pour ma part, lorsque j'animais « Porte-bonheur », sur TF1, quelques chanteurs refusaient de participer à cette émission, la trouvant trop démago. C'était assez vexant, même si je pouvais comprendre leur refus… Ces mêmes chanteurs, bien des années plus tard, ont accepté de venir répondre à mes questions sur TMC, car ils se sentaient plus à l'aise. L'essentiel, c'est que mes émissions, comme les chansons de Frédéric François, aient pu distraire des milliers, voire des millions de personnes. Cela mérite le respect. Comme moi, Frédéric vient d'un milieu très pauvre et a gagné beaucoup d'argent. Il a fait le choix d'offrir à ses enfants tout ce qu'il n'a pas pu avoir dans son enfance. Moi aussi, j'ai choisi de faire profiter mes enfants de ma réussite, tout en leur faisant comprendre que nous étions privilégiés, et que, d'ailleurs, tout pouvait s'arrêter du jour au lendemain. J'ai pu les aider à entrer dans la vie active, mais l'un comme l'autre, à l'âge de quinze ans, ont fait du baby-sitting pour gagner de l'argent de poche et ont travaillé un mois pendant l'été pour se payer leurs vacances. Dépasser la soixantaine pour un chanteur de charme peut être angoissant, mais je trouve que Frédéric vit ça très sereinement, en voyant arriver sans inquiétude ses premières rides et ses tempes grisonnantes. Il est vrai que le charme n'a pas d'âge…

FRANCIS HUSTER

Francis Huster est comme les grands vins, il se bonifie en prenant de la bouteille. Sur son passage, depuis plus de quarante ans, il a l'habitude de voir les femmes se pâmer. À ses débuts, on l'a comparé à Gérard Philipe. C'était flatteur, mais Francis Huster est unique ! Unique par sa boulimie de travail. Il n'est heureux que lorsqu'il répète une pièce l'après-midi, en joue une autre le soir, tout en écrivant un livre dans le train, son moyen de transport préféré. Et pourtant, ses plus beaux voyages sont intérieurs. Dans les années 1980, une légende courait dans Paris : Francis Huster gardait son pyjama sur lui, caché sous son costume de ville, pour pouvoir dormir dans ses théâtres. Car Francis vit théâtre, dort théâtre, et veut mourir sur scène. Aucune femme n'a su l'apaiser, pas même Cristiana Reali, qui lui a donné deux filles, Élisa et Toscane. Fait rarissime, Francis rêve que ses filles deviennent comédiennes, un métier qui effraie souvent les parents. Mais lorsqu'on a joué *Hamlet*, *Le Cid* et *Don Juan*, lorsqu'on a formé des centaines de jeunes gens au métier d'acteur, il ne peut en être autrement. Lui qui fut le partenaire de Brigitte Bardot dans son dernier film et qui a fait revenir Jean-Paul Belmondo sur les grands écrans dans *Un homme et son chien* doit sa vocation précoce à sa grand-mère, qui l'emmenait en cachette au cinéma le jeudi après-midi. Il peut être tour à tour le héros de *Terre indigo*, saga de l'été sur TF1, et jouer dans le monde entier, seul sur scène, plus de sept cents représentations de *La Peste* de Camus. Ce monstre sacré va fêter ses soixante-sept ans, mais lorsqu'il parle de son métier, la passion l'emporte et il redevient le jeune homme qui faisait tourner la tête de toutes les femmes. Il arrive en coup de vent d'une répétition de *Lorenzaccio* et, à la fin de notre entretien, repart en courant pour jouer *L'Affrontement* au théâtre Rive Gauche. Rencontre avec un homme pressé.

*
* *

— ***Le passage des soixante ans, qu'est-ce que cela représentait pour toi ?***

Soixante ans, ça n'existe pas, c'est du pipeau total ! La vie d'un être humain ressemble au cours d'un fleuve, et un fleuve ne change pas subitement de direction au bout de soixante ans. C'est ridicule ! Nous savons pertinemment que nous allons vieillir et mourir, que nos cellules se désagrégeront peu à peu, mais tout cela ne changera pas notre âme. Je ne crois pas du tout à la notion de l'âge. Je connais des vieux cons de vingt ans et des octogénaires d'une jeunesse d'esprit incroyable. Bien sûr le corps nous lâche un peu, mais la vie est comme un jeu de cartes. Il faut apprendre à garder les meilleures dans son jeu.

À soixante ans, on se demande qui, parmi les gens de notre âge, se trouve encore dans le même wagon que nous. J'ai débuté en même temps que Jacques Villeret et Bernard Giraudeau, ils sont descendus sur le quai avant moi, et une question m'obsède : combien de temps me reste-t-il à vivre ? Cinq ans, dix ans ? Avec l'âge, je ne veux plus de cons autour de moi, plus d'hypocrites, de faux culs. Encore faut-il savoir les reconnaître.

– Tu n'as pas attendu la soixantaine pour être un franc-tireur ?

Petit garçon, mon héros était Gary Cooper dans *Le Train sifflera trois fois* ; un type seul, n'écoutant personne. Avec mes potes, Jacques Spiesser et Jacques Villeret, nous devions créer une troupe. C'est le destin qui m'a mené dans cette institution qu'est la Comédie-Française. Je n'étais pas fait pour cela.

60 ans... Et alors ?

— *Quels enseignements tires-tu de la vie, à plus de soixante ans ?*

J'ai vécu trois fois vingt ans, et je m'aperçois que la vie est un éternel recommencement. À vingt ans, je n'aurais jamais pu imaginer que le monde de 2014 serait semblable à celui dans lequel j'avais grandi. Les mêmes erreurs, les mêmes folies se reproduisent à l'infini. Au XXe siècle, une poignée d'hommes a combattu pour un monde meilleur, et aujourd'hui, en observant la même gangrène, le même désespoir, je me demande qui seront les sauveurs du XXIe siècle. Notre génération devrait avoir honte de ne pas avoir anticipé tout ce qui arrive en ce moment. Nous avons échappé de justesse à la guerre d'Algérie, et nous avons cru que cette guerre serait la dernière. En tant qu'artiste, je pense avoir échoué. Les pièces de théâtre et les films auxquels j'ai participé n'ont servi à rien. Les gens n'ont rien compris, et je me trouve parfois inutile.

— *Pourtant, tu devrais être fier de ton parcours ?*

Je suis fier de ce que j'ai fait, et j'espère tout de même que cela a servi à quelque chose. À soixante ans, si l'on n'ose pas dire tout haut ce que les autres pensent tout bas, on a tout raté. Je rêvais d'être comédien pour échapper à la vie. Mais que l'on joue

Shakespeare, Molière ou Guitry, tout nous ramène à nos existences, puisque nous devons interpréter ces textes comme s'ils avaient été écrits hier, avec l'émotion et la rage d'aujourd'hui.

– Quand tu te lèves le matin, qui vois-tu dans la glace ?

Je me sens comme un automate qui se prépare à affronter une journée sans un temps de repos, car dès le réveil ma vie est une fuite en avant.

– Cette boulimie d'action t'a coûté des histoires d'amour ?

Cela m'a coûté toute ma vie sentimentale, mais je ne peux pas m'arrêter. C'est affreux ! Même lorsque je joue, je continue à être réceptif à tout ce qui m'entoure. C'est une véritable maladie ! Je dors à peine plus de trois heures par nuit, car j'ai besoin de rester sans cesse en éveil.

– Te souviens-tu de tes rêves ?

Absolument pas, en revanche je vis avec mes souvenirs. Je ne me sépare jamais d'un cartable dans lequel tient toute ma vie. Je passe mon temps dans les trains, et je peux décider de partir sur un coup de tête pour me poser dans le bar d'un hôtel, car je ne peux ni écrire ni lire dans le silence. Cela me vient de mon enfance. Ma mère, Suzette, était couturière, et je passais beaucoup de temps dans son atelier, après l'école, faisant mes devoirs dans le vacarme des machines à coudre. J'ai alors acquis cette forme de concentration ou plutôt de non-concentration qui a bouleversé mon quotidien.

— *Le temps semble ne pas avoir de prise sur toi ?*

Sans doute parce que je n'ai jamais fait d'excès. J'ai dû boire cinq verres d'alcool dans ma vie, et j'ai fumé deux cigarettes qui m'ont rendu malade. Ma seule erreur, depuis toujours : je mange n'importe quoi, à n'importe quelle heure.

— *Si l'on parlait de la légende : Francis Huster, homme à femmes ?*

C'est une réalité, mais je suis impossible à supporter. J'admire les femmes qui sont parvenues à vivre longtemps avec moi. Elles devaient m'aimer énormément et, surtout, elles espéraient sans doute pouvoir me transformer. C'est très féminin, comme attitude. Malheureusement pour elles, malgré leur amour, mes défauts sont restés les mêmes.

— *Tu sembles avoir toujours été conscient de ce problème...*

Je les ai toutes prévenues, dès le départ, de mon côté invivable. Je suis plutôt du genre à me laisser séduire. Les hommes qui séduisent les femmes sont souvent protecteurs. Moi non. Moi, malheureusement, je fais plutôt exploser le couple.

— *Tu as souvent dit que tu te considérais comme le fils naturel de Sacha Guitry ?*

Je me sens très proche de lui. Comme il était nul à l'école, il s'est fait virer de partout et s'est fait lui-même ; il a touché à tout – théâtre, cinéma – sans jamais s'éparpiller. Il ne savait pas se retourner sur le passé, ne retenant ni les triomphes ni les échecs. Je crois avoir cette capacité de pouvoir repartir de zéro. Malgré les récompenses, les succès, je garde cette impression de me balader les poches vides.

— *Comment as-tu réagi, lors de ton entrée dans Le Petit Larousse ?*

La seule chose qui m'a rendu fier, c'est d'emmener mes filles, Élisa et Toscane, dans une librairie, et les voir découvrir le nom de leur père dans le dictionnaire.

60 ans... Et alors ?

– ***Rêves-tu de vivre vieux ?***

Je ne peux pas m'imaginer en vieillard. Ma fin aura forcément lieu sur une scène. On annoncera au public l'annulation du spectacle car je serai monté au Ciel. Finir ma vie dans un théâtre est un rêve, et cela me semble logique. La boucle sera bouclée.

– ***Que te reste-t-il à faire sur cette Terre ?***

Je rêve de jouer dans un film ou d'en réaliser un qui devienne une référence dans l'histoire du cinéma. J'aimerais que mes filles, quand elles seront mères, puissent dire à leurs enfants : « Voilà ce que votre grand-père a laissé. » J'ai fait des films superbes à la télévision, j'ai eu de très beaux rôles au théâtre, mais je rêve maintenant de réaliser un film vraiment personnel.

J'aimerais évidemment voir mes filles grandir encore un peu. Toscane a onze ans, Élisa seize. Je voudrais les voir heureuses en devenant comédiennes. Pour l'instant Élisa ne le souhaite pas, mais elle comprendra un jour qu'elle est faite pour ça. Quant à Toscane, c'est une évidence. Elle est née pour être comédienne, au point que j'ai l'impression d'être son élève.

Et puis, j'aimerais passer la main aux vingt jeunes comédiens de la troupe que je dirige pour ne pas faire l'erreur de Jean-Louis Barrault ou de Louis Jouvet qui n'avaient, eux, pas prévu leur succession.

— Tu n'as pas attendu d'avoir soixante ans pour transmettre puisque tu es professeur depuis longtemps. Devenir comédien, cela s'apprend ?

Il faut surtout apprendre à ne pas l'être. Lorsqu'on est dans un cours, il faut tuer le père, et le père, c'est son professeur. On doit imposer sa personnalité en refusant de lui obéir. Sans faire l'impasse sur la technique, la mémoire, la diction, il faut avant tout apprendre à découvrir qui on est. Adolescent, on apprend à mentir, pour ne pas faire de peine à ses parents, pour qu'ils ne souffrent pas de nous voir faire des conneries ou des mauvais choix. Mais le comédien doit dire la vérité.

— À soixante ans, si l'on ne se dit pas la vérité, c'est qu'on a raté sa vie ?

Je pense qu'à soixante ans, c'est déjà trop tard. Il faut se dire la vérité à quarante ans pour l'accepter à soixante. Si tu ne te dis pas la vérité avant, tu perds tes amis.

— As-tu beaucoup d'amis ?

Je connais cinq personnes capables de se jeter à l'eau pour me sauver la vie. C'est déjà beaucoup et c'est une force. On a sa famille de sang, bien sûr, mais il faut aussi se créer une famille de cœur, celle que l'on choisit. Et si l'on se trompe dans ses choix, on est fichu.

– *Tout le monde trouve Francis Huster beau ; est-ce que Francis Huster se trouve beau ?*

Je ne vais pas faire preuve de fausse modestie, je pense être beau grâce à une lumière intérieure. Jacques Villeret, avec sa bouille ronde et ses gros yeux, était très beau. J'ai souvent entendu les gens se demander comment Charles Aznavour ou Serge Gainsbourg pouvaient séduire des canons. Mais en les côtoyant, j'ai senti qu'ils irradiaient.

– *As-tu peur de la mort ?*

Elle me terrorise depuis l'enfance. Au point de faire des cauchemars et de ne pas supporter de dormir dans le noir. Ce n'est pas une terreur intellectuelle, c'est l'angoisse de ne pas avoir le temps de faire tout ce qu'il me reste à faire. Je fais donc très attention à ne pas perdre de temps. Je me souviens de m'être dit en voyant Jean-Claude Brialy, très malade, assister à l'enterrement de Jean-Pierre Cassel : « Ce sera le prochain. » Je crois qu'il a lu dans mes yeux ce flash épouvantable. Je songe à ce jour où quelqu'un pensera la même chose en me voyant. Et puis j'ai connu un autre choc en allant rendre visite à Serge Rousseau, un grand agent de cinéma, à l'hôpital. Il n'était pas marqué physiquement par la maladie, pourtant il savait qu'il ne lui restait que quelques jours à vivre. Il m'a dit cette phrase terrible : « Je suis dans la prochaine charrette. » Pendant quelques jours, j'ai fait des cauchemars. Je me voyais dans une charrette, entouré de tous mes copains du Conservatoire. Oui, j'ai peur de la mort, mais il ne faut pas la prendre au sérieux. Lorsque Alain Delon a fêté ses soixante-seize ans, je lui ai envoyé le message suivant : « Profites-en, c'est la dernière année où tu vas pouvoir lire *Tintin*. » Une manière de désamorcer mes angoisses de la mort et de la vieillesse.

*
* *

Francis Huster ne change pas, il est même de plus en plus beau et semble être un éternel jeune homme, allant jouer de ville en ville, comme un ménestrel au Moyen Âge. On a envie de lui demander ce qu'il cherche et pourquoi il ne s'arrête pas de courir. Il a toujours su que sa passion du théâtre était un obstacle à sa vie de couple. Son métier semble plus fort que sa vie privée, et c'est ce qui nous différencie. Il a besoin de pouvoir partir sur un coup de tête, comme un nomade, ce qui est invivable pour les femmes. Il se reconnaît une vraie incapacité à vivre en couple et semble n'avoir besoin de personne, même s'il peut être amoureux fou, tant il est riche de lui-même et de sa passion. Il est autonome, trace sa route, contrairement à moi qui ai toujours eu besoin d'être rassuré et entouré. Il est libre, Francis ! Et la liberté extrême est difficilement compatible avec la vie à deux. Il est capable de vivre en totale autarcie, j'en suis totalement incapable. Comme tout le monde, j'aime avoir des moments de solitude mais c'est pour mieux partager avec mes proches ensuite. J'adore exercer mon métier mais j'aime aussi être dans la vraie vie. Lui semble préférer la vie sur scène à la vie tout court.

CATHERINE LABORDE

Catherine Laborde fait la pluie et le beau temps sur TF1 depuis 1989. En présentant la météo sur la plus grande chaîne d'Europe, elle est l'une des rares présentatrices à être suivie par plus de six millions de téléspectateurs fidèles et suspendus à ses lèvres pour savoir comment ils vont s'habiller le lendemain. Une lourde tâche que Catherine accomplit valeureusement, comme un bon petit soldat, au risque de recevoir les foudres des candidats au pique-nique, obligés d'interrompre leur déjeuner sur l'herbe à cause d'une pluie que Catherine n'avait pas prévue. Des lettres, Catherine en reçoit des milliers, de mécontents bien sûr mais aussi et surtout de téléspectateurs sous le charme de sa silhouette et de sa voix de jeune fille. Oui, Catherine suscite des fantasmes, mais ses fantasmes à elle, elle les couche sur du papier pour en faire des livres, dans lesquels elle parle sans détours de son histoire d'amour tourmentée avec son homme, Thomas, à qui elle a tout pardonné, même ses infidélités. Ils se sont mariés le 9 novembre 2013 et, lorsque Catherine parle de lui, c'est avec les yeux de l'amour.

Catherine Laborde est l'une des rares femmes à avoir accepté d'évoquer son âge dans ce livre. Oui, sa soixantaine, Catherine l'aborde sans tabou, elle s'en est même moquée dans son premier one-woman show *Avec le temps*, écrit par Guy Carlier et François Rollin. À soixante ans, elle revenait à ses premières amours, la comédie. Car on l'a un peu oublié, mais Catherine fut comédienne avant de présenter la météo. C'est dans la série culte *Les Gens de Mogador* qu'elle apparut pour la première fois sur le petit écran. Catherine me reçoit dans son appartement proche de l'opéra Garnier. Elle a eu la délicate attention d'acheter des macarons Pierre Hermé pour accompagner le thé, mais ce sont évidemment ses paroles que je vais boire.

*
* *

– *Comment as-tu abordé le cap de la soixantaine ?*

Pas comme je le pensais. Ayant toujours été une personne assez mélancolique, voire dépressive, j'ai longtemps envisagé qu'on avait le choix entre la vie et la mort. À soixante-trois ans, je m'aperçois que j'ai le choix entre la mort et la mort. À dix-huit ans, on sait que l'on va mourir, que l'on peut même décider du moment où l'on va partir, mais il y a cette idée d'infini. Aujourd'hui, je ne l'ai plus. Et je fais mienne cette phrase de Platon : « Philosopher, c'est apprendre à mourir. » J'en suis là et je me réveille chaque jour avec un but : parvenir à bien mourir. J'ai toujours pensé à la mort, mais elle me semblait si loin… Je vivais des moments de bonheur, des moments de malheur, mais tout restait ouvert. Une intuition presque animale me disait que j'avais le temps. Quand mes deux filles sont nées, je souhaitais même que le temps passe plus vite pour les voir devenir plus fortes et plus belles. Aujourd'hui elles ont quitté la maison et je me retrouve dans un dialogue entre moi et moi.

— *J'ai l'impression que la femme en face de moi est la même que celle de ses débuts à la météo, en 1989, avec le même sourire, le même œil qui brille. As-tu cette impression, toi aussi ?*

J'ai revu récemment une de mes premières météos. La tête penchée vers le plancher, je paraissais totalement introvertie. Alain Gillot-Pétré m'avait conseillé à mes débuts de ne pas oublier d'être gaie. J'ai pourtant toujours eu un penchant pour la mélancolie. Ma mère me disait souvent : « Comme tu aimes être triste ! » Mais je me dois, pour les téléspectateurs, d'être de bonne humeur. J'ai la chance de vieillir en même temps qu'eux. Les gamins de vingt-cinq ans me voient dans le poste depuis leur naissance. Pour eux, je suis une nounou, une marraine-fée qui les accompagne depuis toujours dans leur quotidien.

— À soixante ans, tes préoccupations ne sont plus les mêmes ?

Quand on est jeune, dans les dîners en ville, on parle du dernier film à la mode, de nos fiancés, ou éventuellement de sexe. À nos âges, nous parlons de notre santé. On arrive dans la zone où il faut faire quelques réparations. Pour la première fois, je sens que mon corps n'est plus mon allié. Je me suis fait opérer de la hanche récemment par le meilleur chirurgien de Paris, dans les meilleures conditions possibles, mais c'est une expérience redoutable. Je n'avais pas imaginé que ce serait aussi difficile à vivre, c'est une violence faite au corps.

— En analysant ton parcours, le mot qui me vient, c'est « curiosité »... Pour moi, Catherine Laborde, c'est une femme qui ne s'interdit rien et qui a envie de goûter à tout.

C'est un joli compliment que tu me fais là. Cette définition me ressemble, d'ailleurs quand j'étais petite, je démolissais les réveils pour savoir comment ils fonctionnaient. À l'âge adulte, j'ai voulu savoir comment fonctionnaient les êtres humains. J'ai toujours aimé lire, pour comprendre l'âme humaine, justement. Et peu de gens le savent, mais j'ai commencé ma vie en étant comédienne, et après vingt-cinq ans de carrière à la télévision je me suis offert une nouvelle aventure, celle de monter sur scène avec un one-woman show.

– Présenter la météo pendant autant d'années, ce n'est pas prendre le risque d'être enfermée dans une image ?

Je ne le vis pas comme ça. La météo est à la frontière du journalisme et du divertissement, et ça me donne la liberté d'intervenir en gardant ma personnalité. Lorsque j'étais comédienne, à mes débuts, j'étais très timide, repliée sur moi-même. Dans mon spectacle, *Avec le temps*, je me suis servie de mon expérience à la télévision tout en me moquant de moi et cela m'a fait beaucoup de bien. Aujourd'hui, je me sens libre sur scène mais aussi dans la vie. À plus de soixante ans, tout me semble possible, tout est permis !

– Les sexagénaires interviewés dans ce livre ont un point commun, ils ont appris à se lâcher. Est-ce ton cas ?

C'est exactement ça. La liberté est sans doute l'apanage des gens qui vieillissent. Nous nous disons que le temps est compté et qu'il est urgent d'affirmer notre personnalité et de réaliser nos envies.

– Parler de soi sur scène, cela équivaut à une séance de psychanalyse ?

Non, la meilleure psychanalyse, c'est la vraie, celle que j'ai suivie pendant quinze ans. Si je peux te dire que je suis heureuse aujourd'hui, c'est grâce à ces quinze années. J'ai sauvé mon amour avec Thomas et j'ai pu élever deux filles formidables. La psychanalyse ne convient pas à tout le monde mais pour moi, elle a été salvatrice.

– Le passé était trop lourd ?

C'est le présent qui était trop lourd. Je n'osais même plus traverser la rue pour aller chercher un paquet de cigarettes.

– Avec le recul, as-tu des regrets ?

Oui, car si je suis curieuse, comme tu l'as dit gentiment tout à l'heure, je suis au moins aussi lâche que curieuse, et cette lâcheté m'a empêchée de faire des choses que je regrette aujourd'hui. J'aurais pu présenter des projets d'émission, avoir davantage d'enfants, écrire des livres plus tôt. Et surtout, j'aurais aimé être plus sûre de moi.

– L'âge t'a permis de prendre confiance ?

Oui. La psychanalyse m'a amenée à être moi-même, à m'accepter telle que j'étais. C'est dans cette confiance recouvrée que j'ai puisé le courage de monter seule sur scène.

– As-tu l'impression d'avoir réussi ta vie ?

Je ne dirais pas ça, mais j'ai appris à vivre dans le *carpe diem*, et j'ai réussi à faire comprendre à mon homme que j'étais la femme de sa vie. Il a mis du temps à l'admettre, moi je l'ai su dès notre première rencontre. Je n'aime pas me faire des compliments mais j'ai eu cette intelligence-là.

– Qu'as-tu trouvé chez Thomas que les autres hommes n'avaient pas ?

Ce qui m'a indiciblement attiré chez Thomas, c'est qu'il s'était donné le même devoir de réparation que moi, vis-à-vis de nos parents qui avaient souffert de la guerre. J'ai raconté dans un livre le drame vécu par ma mère, Maria del Pilar, pendant cette guerre. Étant résistante, elle avait rencontré un chef de réseau dont elle a vainement attendu le retour, car elle a appris à la fin du conflit qu'il était mort à Buchenwald. Peu de temps après, elle rencontra Robert, qui allait devenir notre père et qui est tombé amoureux d'elle, cette femme qui pleurait un autre homme. Thomas, lui, s'appelle ainsi en hommage à son oncle, le frère de sa mère, fusillé au mont Valérien au moment où elle était enceinte de lui. Ces fardeaux étaient lourds à porter pour lui comme pour moi, et inconsciemment sans doute, c'est ce qui nous a réunis.

— *Quelles valeurs gardes-tu de tes parents ?*

Nous sommes toi et moi des enfants de la guerre. Nés dans les années 1950, nous sommes porteurs des souffrances de nos parents et nous avons dû réparer ce mal comme nous le pouvions. De leur côté, ils ont essayé de reporter leurs ambitions sur nous, pour que nous ne connaissions pas les privations et les malheurs qu'ils avaient vécus. Mes parents nous ont payé des voyages en Angleterre, des cours de piano. Ils étaient très aimants pour leurs trois filles. Avec mes sœurs, Geneviève et Françoise, nous sommes extrêmement différentes, malgré une éducation commune. Geneviève, l'aînée, a hérité de notre maison familiale dans le Gers, mais y retourner me fait trop de peine. Je pense chaque jour à mes parents, et cela me renvoie à mon rôle de mère. Mes filles sont devenues adultes et cela peut paraître idiot, mais je suis étonnée qu'elles puissent avoir une vie en dehors de moi. Gabrielle, mon aînée, habite Londres, Pia est sage-femme, elles ont des amoureux formidables, et font leur vie, ce qui est tout à fait normal. À leur âge, comme pour elles, mes parents n'étaient plus ma priorité ; mais je dois faire un effort pour m'habituer à la vie sans elles à mes côtés.

— Comment vois-tu les quinze prochaines années ?

Tant que l'on voudra de moi sur TF1, je resterai ! Je n'ai pas fait le tour de mon métier, car la météo change tout le temps. Mais j'aimerais surtout devenir une très vieille dame en compagnie de mon homme. Vieillir avec lui au bord de la Méditerranée en écrivant des livres. L'idée de vieillir l'un sans l'autre me paraît terrible. Il est pourtant dans l'ordre des choses que l'un disparaisse avant, à moins de faire comme ce couple extraordinaire, ces vieux époux qui se sont donné la mort et sont partis en se tenant la main, dans une chambre du Lutetia. Mais cela demande un courage que je ne suis pas sûre d'avoir au moment de mourir. Et puis je ne suis pas seule à décider !

— La mort est la seule vraie inconnue, es-tu aidée par la religion ?

Je suis très terre à terre et curieuse de savoir ce qu'est la mort même s'il est frustrant de ne pas pouvoir revenir pour le raconter ensuite. Mon père est mort dans mes bras et je trouve sa mort belle et courageuse. J'y pense quotidiennement et j'espère que des proches pourront m'aider à passer aussi doucement que possible de la vie au trépas, comme je l'ai fait pour mon père. À soixante ans, on a toujours su qu'on allait rencontrer la mort, mais on prend enfin conscience que l'on va tous mourir. On ne peut pas lutter, et c'est bien. Plutôt que de lutter contre les atteintes de l'âge, il faut apprendre à accepter la vieillesse. C'est ça, la sagesse !

– *La sexualité après soixante ans, c'est aussi important qu'à vingt ?*

La sexualité, c'est la vie. À vingt ans, on a une gourmandise incroyable, et avec les années elle prend d'autres formes. Même si ça fait une quarantaine d'années que l'on fait l'amour, on connaît mieux son corps et le chemin de son plaisir. Il y a quelque chose de plein dans le plaisir à soixante ans, qui n'était pas tout à fait accessible dans notre jeunesse. Quarante ans de sexualité, ça peut paraître beaucoup, mais c'est comme la météo, ça change tout le temps ! À soixante ans, on fait peut être l'amour moins souvent, mais c'est encore meilleur !

*
* *

Catherine Laborde… Elle se dit mélancolique, mais je l'ai trouvée particulièrement lumineuse lors de notre entretien. Elle dit qu'elle est amoureuse, et ça se sent, dans son regard, son sourire. Je me suis reconnu dans son côté adolescente face à l'amour. Moi aussi, je peux me conduire comme un adolescent jaloux si ma femme ne m'appelle pas trois fois par jour lorsque nous sommes séparés. Je suis possessif, et j'aime qu'on m'aime. Dans la journée, avec mon épouse Isabelle, on se téléphone souvent, pour se dire des petits riens. Et puis, comme Catherine pour ses deux filles, j'ai eu du mal à supporter le départ de mes deux enfants, Margaux et Thomas. Ils ont quitté la maison mais nous continuons à nous téléphoner dix fois par jour. J'ai senti Catherine dépendante de son Thomas, comme je le suis d'Isabelle, je n'ai pas honte de le dire. Lorsque Isabelle veut organiser des dîners avec des copains ou recevoir plein d'amis pendant nos vacances en Provence, je lui dis en riant qu'elle a peur de s'ennuyer en restant seule avec moi. Parce que moi, je pourrais rester tout un mois avec elle sans personne alentour, tant je la trouve belle, tant elle m'amuse et m'intéresse. J'ai découvert cette même dépendance chez Catherine Laborde, et ça m'a bien plu.

BERNARD LE COQ

Rien ne prédestinait ce fils d'un peintre en bâtiment et d'une concierge parisienne à devenir comédien. Le destin a bien fait les choses lorsqu'un copain a entraîné le jeune Bernard Le Coq dans un cours d'art dramatique. Depuis, le public retrouve toujours avec plaisir ce personnage ironique et décontracté, qui enchaîne les succès. Au cinéma, dès ses débuts, il joue aux côtés de Romy Schneider, sous la direction de Claude Sautet, et côtoyer ces personnalités l'impressionne comme une midinette. Depuis vingt-deux ans, il incarne Jacques Beaumont auprès d'Anny Duperey dans *Une famille formidable*. Ce comédien populaire qui fait grimper l'Audimat à chacune de ses apparitions reste d'une discrétion absolue. Sa devise pourrait être « Pour vivre heureux, vivons cachés ». Il faut dire qu'il fait tout pour décourager les paparazzis les plus coriaces. Pensez donc, il est marié depuis quarante-deux ans avec la même femme ! Un record chez les comédiens et même chez les autres. L'âge ne semble pas avoir de prise sur ce garçon qui porte toujours un regard désabusé et lucide sur le monde qui l'entoure. Oui, Bernard Le Coq fait de la philosophie sans le savoir ! Il est persuadé que la vie est trop courte pour se prendre au sérieux. Alors après quoi court ce fou de jogging ? En lui donnant rendez-vous dans un bar situé près du Marais, j'espère en savoir un peu plus sur cet homme d'une pudeur extrême...

*
* *

— Comment as-tu vécu l'arrivée de tes soixante ans ?

Pour la plupart des gens, cet âge correspond à l'arrêt de la vie professionnelle. Ce n'est pas le cas pour les comédiens qui échappent à la retraite officielle, mais c'est évidemment un passage psychologique.

— À soixante-quatre ans, as-tu le sentiment que le meilleur a été joué ou qu'il reste à venir ?

J'espère vivre encore le meilleur, mais j'ai tout de même le sentiment d'avoir fait le plus gros.

Bernard Le Coq

Le désir de trouver sa place dans la société, de rencontrer une femme avec laquelle ça colle, c'est déjà fait. Le regard se tourne donc inévitablement vers la fin, et l'angoisse est plus grande lorsqu'on se découvre un pépin de santé, sans être forcément hypocondriaque.

– As-tu fait la révision des soixante ans ?

Avec l'âge, on se fait de nouveaux amis chez les médecins car on les fréquente un peu plus, mais pour l'instant je me porte plutôt bien. Quand on est jeune, les mauvaises nouvelles viennent généralement de son banquier. À partir de soixante ans, elles viennent plutôt de son médecin. Sans vouloir être trop grave, on a aussi malheureusement l'occasion d'aller plus souvent aux enterrements. Et ces moments m'obligent à penser que je vais peut-être mourir un jour !

– Tu commences à te dire que la mort existe vraiment ?

Comme tout le monde, j'ai passé les soixante premières années de ma vie à me croire invulnérable. Aujourd'hui, je réalise que cela va arriver un de ces quatre. J'espère juste que ce sera le plus tard et dans les meilleures conditions possibles ; je m'accroche à quelques exemples d'octogénaires en pleine forme. Et puis, le meilleur remède que j'ai pour chasser les idées noires, c'est de continuer à avoir des projets. En fin de compte, l'âge a du bon ; il nous apprend à porter un regard différent sur l'existence, et à envisager les choses de manière plus large. Lorsqu'on est jeune, on est tourné vers soi, avec les années, il faut apprendre à devenir curieux des autres.

— Es-tu content de toi ? Ce n'est pas une question provocante mais si, à soixante ans, on n'est pas content de soi, on a raté sa vie, non ?

Je ne suis pas content de moi mais de la vie que j'ai menée. J'ai essayé de faire de mon mieux avec les moyens dont je disposais. Je pense surtout avoir eu beaucoup de chance car rien ne me prédisposait à ce métier. Mes parents avaient fait du théâtre en amateur et nous emmenaient au cinéma, mais quand on est un garçon timide, fils d'une concierge et d'un peintre en bâtiment, ce métier semble totalement inaccessible. Le destin a frappé à l'instant où mon copain, Gérard Palaprat, m'a proposé de le suivre à son cours de théâtre. Me sentir coincé dans un lycée technique m'a donné le courage d'avouer ma vocation à mes parents.

— Est-il rassurant de se cacher derrière des personnages ?

Je ne parlerais pas de se cacher, mais plutôt d'interpréter. Or le fait d'interpréter des personnages peut nous aider à mieux vivre puisqu'on leur pique des réactions qui peuvent nous être utiles dans la vraie vie. Nous, les acteurs, faisons feu de tout bois. Nos rôles nourrissent notre vie et nos expériences nourrissent nos personnages. Je n'ai pas joué beaucoup de héros, à mon grand désespoir, mais j'ai interprété des personnages qui avaient vécu des drames ou étaient submergés par les soucis. Dans ces moments, les émotions sont fortes et nous obligent à réfléchir sur le sens de la vie. Dans mon métier, j'ai des modèles, comme Jean Gabin, Louis de Funès, John Wayne, Woody Allen. Ce sont des images qui m'inspirent à l'instant de jouer. Et je crois que le vrai secret pour ne pas vieillir, lorsqu'on est acteur, c'est de garder intact le plaisir du jeu, continuer à avoir envie de faire l'andouille, sans se prendre au sérieux mais en travaillant sérieusement.

— Est-ce que le fait d'être marié avec une psy depuis quarante-deux ans t'a aidé à te comprendre ?

Ma femme porte un regard très profond sur tout, elle voit clair tout de suite. C'est emmerdant car je ne peux pas tricher avec elle. Quant à se connaître vraiment… Ça me semble être une tâche quasi impossible. Avec les années, on apprend simplement à connaître ses limites, ses capacités, on peut se mesurer, s'évaluer.

– ***Est-ce qu'on s'améliore en vieillissant ?***

Oui, par la force des choses. En prenant de l'âge, je m'offre le luxe d'être plus tranché dans mes positions. J'étais un peu couleuvre, j'ai appris à moins tricher. Il arrive un jour où l'on prend la liberté d'être soi-même. Étant un être social, je fais tout de même gaffe à ne pas faire de peine. On ne peut pas asséner ses quatre vérités à un ami sans faire de dégâts, il faut rester civilisé. Mais j'ose faire ou dire des choses que je n'aurais jamais osées auparavant. Après tout, qu'est-ce qui peut m'arriver aujourd'hui, si je dis la vérité ? Et puis sans aller jusqu'au conflit, la vérité peut aider les autres à voir plus clair en eux. En tout cas, ce qu'il ne faut pas oublier, c'est qu'on ne peut pas utiliser les mêmes armes, au fur et à mesure que le temps passe. Si l'on utilise à soixante ans les mêmes armes qu'à vingt ans, ça ne fonctionne pas.

Bernard Le Coq

— **Pour quelle raison as-tu décidé, aujourd'hui, d'adopter Stéphane, le fils de ton épouse, que tu élèves depuis quarante ans ?**

Pour officialiser un lien affectif, tout simplement. C'est un être très intelligent, curieux de tout, avec des points de vue toujours profonds. Je peux le dire librement puisqu'il n'est pas de mon sang. Je ne l'aurais pas mieux réussi si je l'avais fait moi-même. C'est un garçon que j'aime fréquenter. Nous échangeons beaucoup, et on se marre beaucoup, aussi. Cette adoption s'est faite en toute amitié avec son père, sans aucune spoliation pour qui que ce soit. Lorsqu'on devient âgé, on a besoin de gens pour s'occuper de nous. En fait, j'investis sur l'avenir. [*Rires.*]

— **Puisque tu emploies des mots vulgaires, comme « âgé », as-tu envie de devenir « vieux » ?**

Comme tout le monde, j'ai envie de vivre longtemps, en bonne santé. J'espère ne pas finir comme un pauvre diable, seul dans une maison de retraite, ce qui est le lot de beaucoup de gens. À partir d'un certain âge, ma mère a fait des allers-retours entre l'hôpital et sa maison, puis nous avons dû l'installer dans une maison de retraite. Cela m'a fait prendre conscience de la vitesse à laquelle la vie nous lâche. J'ai également quelques vieux amis dans la même situation, et je m'aperçois que, dans ce genre de lieu, la relation au monde cesse très vite. Ces gens-là n'étaient pas des crétins, ils ont eu des responsabilités, ils ont ri, ils ont aimé. Pourtant, une fois qu'ils se sont retirés, j'ai senti un coup d'arrêt, une rupture avec la vie extérieure. Je ne sais pas si c'est vivable ou non, mais j'avoue que cela m'effraie.

– À vingt ans, on a envie de tout faire, de tout dévorer, à soixante, est-ce que tu commences à faire une sélection ?

Je garde un appétit intact pour mon métier, en espérant qu'il va m'offrir de nouvelles expériences. J'aimerais par exemple jouer dans un film d'action, ce que je n'ai encore jamais fait. Il ne faudrait pas traîner car je vais très vite devenir trop vieux pour faire des cascades ! Et puis, tant que j'aurai toute ma tête, j'aimerais continuer à apprendre. À partir du moment où il nous reste deux ou trois neurones, nous avons le monde entier à notre disposition. Il suffit d'être un peu curieux pour apprendre à l'infini. C'est encore un secret pour ne pas vieillir.

– Fais-tu partie de ces gens chanceux qui n'ont aucun regret ?

Je crois avoir fait de mon mieux avec le petit potentiel que l'on m'a donné au départ. Je crois aussi être né sous une bonne étoile sans avoir une vision angélique de l'existence. En effet, j'ai appris avec le temps que lorsque la vie vous déroule son tapis rouge, elle ne tarde jamais à vous faire payer la facture.

— *Crois-tu en Dieu ?*

Cette question me préoccupe mais je ne peux plus adhérer à une confession. Gamin, j'étais fasciné par le mystère de la vie. Aujourd'hui, je me sens confronté à un mystère absolu, dont j'essaie de trouver la clé en lisant des ouvrages de philosophie plutôt que de religion, car je sais que le choix de la religion peut être une protection contre les peurs existentielles, en particulier contre celle de la vieillesse et de la mort.

— *Pour se protéger de la vieillesse, il y a aussi le sport, et je dois dire que tu es plutôt bien conservé pour ton âge...*

Je te remercie, mon grand ! Toi aussi, d'ailleurs. Qu'est-ce que tu fais, ce soir ? [*Rires.*]

— *Que te dis-tu quand tu te regardes dans la glace ?*

Quelle beauté ! Plus sérieusement, ayant eu l'occasion d'être photographié sous tous les angles, comme la plupart des acteurs, je n'ai pas pu rater l'arrivée de mon premier cheveu blanc. Ça ne m'a pas fait rire, mais l'aspect physique n'est pas mon obsession, même si je fais du sport.

— *Est-ce que ta femme a le même âge que toi ?*

À peu de chose près. C'est moins fatigant que d'être marié à une jeunette.

— *Comment as-tu fait pour la séduire ?*

Il existe une photo de l'instant précis de notre rencontre. Elle travaillait à l'époque pour un journal lyonnais et, lorsqu'elle est venue m'interviewer, j'ai aussitôt pensé, avec l'audace de la jeunesse, que ça allait rouler avec la petite. Or, à ma grande surprise, mon charme n'a pas opéré tout de suite, et j'ai dû ramer un peu pour parvenir à mes fins. Mais franchement, quarante-deux ans plus tard, je ne le regrette pas.

— *Parlons d'amour...*

Est-ce bien raisonnable ? Être amoureux donne évidemment un sens à sa vie. J'aime cette phrase qui dit qu'un ami, c'est quelqu'un que l'on connaît bien mais qu'on aime quand même. C'est la même chose en amour. Quand on finit par accepter un être avec ses qualités et ses défauts, on peut commencer à parler d'amour. L'être que nous idéalisions au tout début devient plus réel, et parfois les chemins se séparent. Avec mon épouse, on n'arrête pas de s'engueuler mais ça s'arrange très vite car elle a une grande capacité de pardon. Et si elle me reproche, à juste titre, d'avoir du mal à reconnaître mes erreurs, elle, quand elle a poussé le bouchon un peu loin, elle sait l'avouer. Elle a toujours su apaiser les conflits, c'est peut-être pour cette raison que nous sommes ensemble depuis toutes ces années.

*
* *

Je pourrais résumer *Bernard Le Coq* en une phrase : « La vie, tout simplement ! » C'est un homme profondément gentil qui va bien vieillir, je le sens. Il fait des abdos, je n'en fais pas. Nous courons mais je crois qu'il court plus vite que moi, et ça m'énerve un peu. J'aimerais lui ressembler. Car ce qui peut nous sauver, lorsqu'on avance en âge, c'est la gentillesse et la tolérance. Je le sens plus arrangeant que moi, qui suis un peu plus vindicatif, mais ça ne veut pas dire qu'il soit sans conviction. Il fait juste attention à arrondir les angles. À soixante ans, je trouve que c'est une qualité, d'arrondir les angles. On n'a plus de temps à perdre en engueulades, alors qu'on sait qu'on va se réconcilier. Ce qui m'a plu aussi, c'est le sourire qu'il affiche lorsqu'il parle du fils de son épouse qu'il a voulu adopter, tant il est fier de lui. Cela prouve qu'on peut aimer en dehors des liens du sang. Combien de fois me suis-je dit, à propos de gens âgés que j'appréciais particulièrement, que j'aurais bien aimé qu'ils soient mes parents, même si j'adore les miens ! Ou, en voyant des copains de mon fils ou ma fille, que j'aurais eu beaucoup de plaisir à les avoir comme enfants. Chez Bernard Le Coq, j'admire enfin son côté simple et modeste. Champion de l'Audimat, il est encore étonné qu'on s'intéresse à lui. Dans nos métiers, la modestie est si rare que cette fraîcheur d'esprit fait du bien.

MICHEL-ÉDOUARD LECLERC

Michel-Édouard Leclerc est un héritier. Il a succédé à Édouard Leclerc à la présidence de l'Association des centres distributeurs Leclerc en 2006, après avoir travaillé aux côtés de son père pendant dix-sept ans. Né il y a soixante-deux ans, à Landerneau, il a vu se créer le premier centre distributeur dans lequel ses parents expérimentaient une formule de vente originale, qui allait susciter la polémique dans les années suivantes. Enfant émotif et rêveur, il cherche sa voie entre des études de sciences économiques et de philosophie, a la chance d'assister aux conférences de Vladimir Jankélévitch et de Michel Serres, et entreprend un doctorat en sciences économiques sous la direction de Raymond Barre. Pour ne pas se contenter d'être un fils à papa, il va gravir tous les échelons de l'entreprise familiale avant d'en assurer la présidence. Travailleur acharné, il sait profiter de la vie. Passionné par la bande dessinée, il est un grand collectionneur de planches illustrées. Tout aussi passionné par la navigation à voile, il a franchi plusieurs fois le cap Horn. Aventurier sur un bateau, il ne l'est pas moins dans sa vie professionnelle. Devenu un bon communicant, il sait défendre ses positions devant les ministres, comme devant ses employés ou ses détracteurs. Il n'est pas facile, pour celui qui dirige une entreprise de cent six mille salariés, de soustraire un moment de son emploi du temps pour parler de son âge et des années qui passent. C'est donc avec beaucoup de reconnaissance et de plaisir que j'ai pu converser avec cet homme d'affaires qui a su garder une part de poésie en lui.

*
* *

– *Comment avez-vous pris le cap des soixante ans ?*

Je ne comptabilise jamais mon âge, et si mon entourage ne fêtait pas mes anniversaires, j'aurais l'impression d'être un éternel adolescent. Pourtant, à soixante ans, mes proches m'ont rappelé que le compteur tournait, même si je n'en avais pas vraiment conscience. Je ne sais pas si c'est un refus de vieillir, mais comme nous étions en pension, et que mon père, Édouard Leclerc, était toujours sur les routes, les anniversaires n'ont jamais été les jalons de mon existence.

Michel-Édouard Leclerc

— ***D'où vient le fait que vous ne changez pas ?***

L'action m'exalte toujours autant. Ce n'est pas une drogue mais plutôt un militantisme, c'est sans doute mon côté curé. Avoir toujours un engagement d'avance peut être considéré comme une fuite, mais l'âge ne me pose pas de problème. J'ai vu mes rides se creuser très tôt car je faisais de la voile sans lunettes. Mon corps vieillit et, pourtant, je ne me suis jamais senti aussi bien. Nous devons sans doute fonctionner par cycles, car à soixante-deux ans je sens un regain d'enthousiasme. Quand on est porté par l'action, on a l'âge de ses projets. Et comme j'ai toujours de nouveaux objectifs, j'ai l'impression d'être un gamin. Dans le fond, je ressemble un peu au groupe Leclerc, qui a toujours eu quelques longueurs d'avance. Nous avons par exemple été les premiers à supprimer les sacs en plastique aux caisses, il y a plus de trente ans !

— ***Auriez-vous pu mener une autre vie ?***

Mais j'ai vécu plein de vies différentes ! Je me suis rêvé journaliste, professeur, chef d'entreprise. J'ai fait un peu de journalisme, j'ai été professeur à la Sorbonne. Avant cela, j'avais suivi des cours de sciences économiques, trop classiques pour moi. J'ai donc préféré aller m'encanailler sur les bancs des cours de philosophie, qui déménageaient beaucoup plus et m'ont permis de rencontrer des personnalités comme Michel Serres ou Jankélévitch. Comme tout adolescent, je n'avais pas envie de succéder à mon père, qui remplissait tout l'espace grâce à son charisme. À travers la philosophie et la littérature, je voulais changer le monde. Lorsque des salariés d'un centre Leclerc à Laval m'ont interpellé en me disant qu'ils ne comprenaient pas que je ne sois pas engagé aux côtés de mon père, j'ai culpabilisé et décidé de reprendre le flambeau.

– *Tout a été facile en tant que fils de ?*

Pas du tout. J'ai dû faire mes preuves pendant trois ans en tant qu'intérimaire. Comme « ça l'a fait », selon l'expression d'aujourd'hui, on m'a permis de m'occuper du secteur de l'essence. J'ai entrepris cette tâche en mode guerrier. Je devais obtenir le droit de vendre moins cher en faisant bouger les lois, et trouver à m'approvisionner hors des compagnies pétrolières. C'était passionnant car je devenais communicant, juriste et commercial, tout en même temps.

– *Pensez-vous bien vous connaître aujourd'hui ?*

Cette question me fait penser à la fameuse phrase de Socrate : « Connais-toi toi-même. » Pour se connaître, il faut prendre le temps de s'arrêter, de se regarder. Pour moi, même à plus de soixante ans, le temps de la sagesse n'est pas encore venu. Je suis trop occupé à réformer et transformer pour me soucier de moi. Vous avez été l'un des premiers à m'inviter dans une grande émission de télévision. C'était flatteur pour mon ego mais très impressionnant. Et puis je suis plus intéressé par mes projets que par mon image, même s'il faut de l'ego pour croire en soi.

– *Que faut-il pour se sentir bien dans sa soixantaine ?*

Lorsqu'on atteint un certain âge et une certaine réussite, il faut les mettre au service de la société, sinon on vieillit dans son coin, et l'on risque l'embourgeoisement. Je ne me vois pas profiter de la société sans lui rendre quelque chose. Et lui rendre, c'est transmettre. Il faut apprendre à retirer ses vêtements un à un et redonner tout ce qu'on nous a appris pour finir presque nu.
Je préfère être un exemple plutôt qu'un modèle.

– *Comment êtes-vous parvenu à vous faire un prénom ?*

Je suis l'héritier d'une marque, mais je m'appelais Michel-Marie Leclerc car en Bretagne, les enfants portent le nom de leur grand-mère. J'ai choisi de m'appeler Michel-Édouard lorsque je me suis aperçu que les gens m'opposaient à mon père.

J'ai emprunté son prénom pour me revendiquer comme fils de mon père, en évitant le freudisme primaire. Il m'a façonné, c'est certain. Mais j'ai aussi tout fait pour ne pas être une pâle copie de cet homme à la forte personnalité.

– *Qu'avez-vous hérité de vos parents, à part la marque Leclerc ?*

J'ai la chance d'avoir encore ma mère, une femme restée pétillante et très influente sur sa couvée malgré ses quatre-vingt-sept ans. J'ai hérité de mes parents une culture, mais aussi un sentiment d'insatisfaction permanent. Cet esprit de rébellion fait que je ne me satisfais pas de la rente, et que je dois transmettre aux générations nouvelles. Tout en sachant que ceux qui se contentent de transmettre sont de vieux cons car l'histoire ne se répète pas. Nous sommes simplement des passeurs d'expérience, et nous devons aider les jeunes à devenir eux-mêmes plutôt que de chercher à leur faire appliquer notre propre modèle. Cela demande de l'abnégation, et c'est une des qualités que l'on acquiert avec l'âge.

– *Vous arrive-t-il de jouer de votre charme ?*

Le charme est une arme, même si je ne me considère pas comme un séducteur. La société est tellement agressive qu'il faut en faire beaucoup pour parvenir à convaincre les autres. J'en fais parfois trop car je suis exalté par mes idées. Si je m'autocensurais, je serais moins sincère.

— Qu'est-ce qui pourrait vous arrêter ?

La maladie. Seul un pépin de santé pourrait me faire cesser mes activités. Je ne suis pas hypocondriaque mais plutôt hypertendu et anxieux. En réalité, je trompe mon monde : je suis capable de traverser une foule avec un grand sourire, l'air sûr de moi, tout en étant très vulnérable et hypersensible. Je sais chercher en moi la force de répondre aux questions des journalistes même si ce n'est pas dans ma nature car je suis profondément solitaire.

— La Bretagne vous est-elle toujours aussi nécessaire ?

La Bretagne, ses habitants, ses paysages, sont un référent pour moi. C'est ma Californie à moi, l'endroit d'où je peux observer le cœur du système et me ressourcer. Il faut savoir prendre du recul pour observer, sinon l'action peut devenir une drogue.

— Après quoi courez-vous ?

Après mes projets, qui sont des rêves. Quand je vois la société en crise, j'ai envie d'appliquer mes idées pour résoudre cette crise. À soixante ans, j'ai obtenu des moyens, des relations, une crédibilité et une notoriété que je peux mettre au service de mes projets. Et plus le temps passe, plus je veux y parvenir vite. C'est mon côté gamin impatient. À vingt ou trente ans, on accumule des projets que l'on espère pouvoir réaliser. À soixante ans, on ne doute plus de soi et l'on sait qu'on peut le faire, donc on accélère la cadence. Et puis, je suis conscient de ma responsabilité lorsque je pense aux cent six mille personnes qui travaillent dans les deux mille entreprises portant l'enseigne Leclerc.

– De quoi êtes-vous riche ?

De mes expériences et de mes erreurs. Aujourd'hui, si je loupe quelque chose, je suis moins déstabilisé qu'avant. Les dix réussites dont on me crédite sont la partie émergée de l'iceberg, mais je n'oublie pas les trente ou quarante erreurs que j'ai pu commettre et dont personne ne se souvient.

– Qu'avez-vous envie de dire aux hommes et aux femmes de plus de soixante ans qui se sentent abandonnés par la société ?

Le fait d'être passé d'une société rurale où l'on maîtrisait son environnement à une société urbaine dans laquelle on ne maîtrise pas toutes

Michel-Édouard Leclerc

les technologies a laissé beaucoup de gens sur le bas-côté. La mondialisation s'accélère et nous essayons d'y résister, comme le village gaulois d'Astérix. Aujourd'hui, la société française a perdu son modèle de société traditionnelle que Raffarin appelait « la France d'en bas ». Nous n'avons pas trouvé le moyen de vivre ensemble, entre les différentes classes sociales et les différentes générations. Le modèle familial, social, est à recréer.

Le conseil que je donnerais à des retraités, c'est de se prendre eux-mêmes en main, et d'essayer de s'adapter. La première réaction, face au vieillissement, c'est le repli sur soi. Or une chose est sûre : si vous attendez que la société s'occupe de vous, c'est râpé ! L'éclatement de la bulle familiale fait que nos personnes âgées se retrouvent souvent seules, on l'a vu lors de la canicule de 2003. Il faut préparer son futur. Cela suppose un investissement préalable dans l'amitié, dans l'avenir, et pas seulement en cotisant à sa caisse de retraite. Si l'on se retrouve sans amis à quatre-vingts ans, cela veut dire qu'on n'a pas cherché à tisser des liens à soixante. Tout cela se prépare, s'envisage. Il faut investir pour maintenir vivace le champ des possibles. On a toujours la possibilité d'une vie sociale. Dans un village on peut s'occuper d'associations ou du club de foot local ; on peut aider à la vie collective. Ce n'est pas une question d'argent mais de disponibilité d'esprit.

— *Le mot « retraite » a-t-il une signification pour vous ?*

Le jour où je serai à la retraite, je serai mort. Je l'envisage seulement en cas d'accident, d'impotence, de perte de mes moyens physiques ou intellectuels.

— *Votre réussite était-elle conciliable avec votre éducation catholique ?*

J'ai longtemps culpabilisé au sujet de ma réussite sociale. Dans la religion catholique, le bonheur n'est pas envisageable à titre personnel. On n'a pas le droit d'être heureux lorsqu'on est entouré de malheureux. Ma religion m'a aidé en m'apprenant à ne pas être égoïste : quelqu'un de généreux a beaucoup de chances de réussir.

— *Peut-on vraiment être généreux quand on est un homme d'affaires ?*

Un homme d'affaires peut être généreux dans sa vie personnelle, mais n'a pas le droit de jouer avec l'argent des autres. Le philosophe Pascal a établi un ordre dans la générosité. On connaît la phrase « Tu ne tueras pas ». Pourtant, un soldat qui ne tue pas son ennemi prend le risque que celui-ci tue quelqu'un de son camp. Le général se doit d'envoyer ses troupes au combat même s'il est persuadé qu'il y aura une hécatombe. Lorsque vous êtes chef d'entreprise, vous avez des comptes à rendre, et une responsabilité économique qui ressemble à un combat. Cela ne vous empêche pas, une fois rentré chez vous, de mener une vie associative.

– Avez-vous été un bon père pour vos quatre enfants ?

Mes enfants disent que j'ai été un bon père, mais je me méfie des compliments. J'ai toujours vécu entre deux types de menaces. Il y a d'un côté ceux qui sont systématiquement contre vous car vous représentez tout ce qu'ils détestent, le capitalisme, la dynastie ; et de l'autre côté les flatteurs qui sont parfois les plus dangereux. J'ai besoin de reconnaissance, de me sentir quelqu'un dans le regard des autres, mais il ne faut pas s'appesantir.

– Dites-vous souvent « Je t'aime » ?

J'emploie assez rarement cette expression car on ne me l'a pas beaucoup servie et je suis d'une nature réservée. Et puis je préfère les preuves d'amour à ces mots qui sont souvent galvaudés. Par ailleurs, dans cette société de la transparence, où tout le monde aime se raconter outrancièrement, j'ai choisi de garder une part de mystère pour que les gens s'intéressent encore à moi.

— À soixante ans, vous n'osez pas encore tout dire ?

Je me sens un homme libre parce que je garde des choses pour moi. Une relation n'est riche que si l'on éprouve une curiosité pour l'autre. Si l'on s'est totalement raconté sur son mur Facebook, que reste-t-il à découvrir ? À plus de soixante ans, on atteint l'âge de la liberté de parole. Pendant trente ans, je suis allé me présenter à chaque nouveau ministre du Commerce, de l'Industrie. Aujourd'hui, avec l'âge, j'attends qu'ils viennent à moi. En prenant de la bouteille, on peut se permettre ce genre de choses.

— Qu'auriez-vous envie de laisser après votre mort ?

Je n'ai pas envie de laisser, j'ai encore envie d'agir. Laisser une trace, c'est la rente, l'héritage. La jeunesse doit être rebelle et se construire indépendamment de nous et de nos conseils. Aller chercher la jeunesse pour construire avec elle, c'est un bon moyen de refuser de vieillir. Cette illusion continue à me porter et me permet d'oublier mes soixante ans.

*
* *

Michel-Édouard Leclerc

Michel-Édouard Leclerc a l'âme d'un combattant, et il a souvent été contesté. C'est un homme de passion qui aurait pu choisir une autre voie, mais il a préféré suivre son devoir, succéder à son père, en prenant le risque d'être comparé et jugé. Michel-Édouard Leclerc est né dans une famille plus qu'aisée, je viens d'une famille modeste mais nous nous rejoignons sur les valeurs essentielles. Il faut se lever tôt pour être prêt chaque matin à se battre pour ses idées. Michel Leclerc a rajouté au sien le prénom de son père, Édouard, pour bien montrer qu'il acceptait ce lourd héritage. Pour moi, fils de marchand de quatre-saisons, devenir une « vedette de la télé », ne semblait pas une évidence, mais nous avons tracé notre chemin et quarante ans plus tard, nous sommes encore là et nous croyons encore à ce que nous faisons. Je suis persuadé que Michel-Édouard se demande régulièrement, comme moi, ce que nos parents penseraient de nous. Seraient-ils fiers de notre parcours ? Respectons-nous assez les valeurs qu'ils ont tenté de nous inculquer ? J'ai été l'un des premiers à inviter Michel-Édouard Leclerc sur un plateau de télévision, car je le trouvais original et charismatique. Physiquement, il ne change pas et il a gardé l'envie de réinventer sa vie, même à plus de soixante ans. Quand il évoque ses échecs, dont personne ne se souvient mais qui l'ont aidé à progresser, je pense à quelques émissions qui n'ont pas fonctionné comme je le souhaitais. « Faites de beaux rêves » n'était pas bien ficelée et il est normal que le public l'ait sanctionnée. Quant à « Grand public », cette émission est restée toute une saison à l'antenne mais elle n'arrivait pas au bon moment. Je n'étais pas prêt pour l'orienter et le public n'était pas prêt à la recevoir. Total, nous avons perdu deux millions de téléspectateurs en un an. Cet échec m'a appris qu'il y avait un temps pour tout et qu'il ne faut pas s'acharner si un projet se présente à contretemps.

MICHEL LEEB

Né à Cologne, en Allemagne, le petit Michel est placé chez les jésuites lorsque ses parents, Claude, d'origine allemande, et Mafalda, d'origine italienne, divorcent. Dès ses études, il se montre aussi doué pour le basket-ball que pour la comédie. Et depuis, Michel Leeb a prouvé qu'il savait tout faire : chanter, danser, être acteur, écrire des sketchs, faire des grimaces. En plus, il joue bien au tennis et garde une ligne impeccable à soixante-sept ans. Bref de quoi rendre jalouse toute la gent masculine. Avant d'amuser la France entière, il faisait rire ses élèves pendant ses cours de philosophie en imitant Socrate et Platon. Michel Leeb est un touche-à-tout et il le revendique. Tour à tour Dean Martin, pour la voix et la prestance, et Jerry Lewis, pour son amour des grimaces, cet admirateur de Frank Sinatra est passé directement des salles de cours de philo aux plateaux de télévision en faisant le pitre aux côtés de Guy Lux, un sacré grand écart qui lui convient très bien. Dans les années 1980, le public découvre ses talents d'imitateur (il fut un Julio Iglesias inénarrable), ses personnages de l'Africain ou du Chinois, mais aussi ses talents de bruiteur dans la pub sur Baygon qui a marqué toute une génération de téléspectateurs. Il a interprété avec succès la pièce de Robert Lamoureux *Le Tombeur*, mais a surpris tout le monde en reprenant, sur scène, le rôle créé au cinéma par Henry Fonda dans *Douze hommes en colère*. Pour avoir aussi bien réussi sa carrière, Michel a un secret et ce secret c'est sa femme, Béatrice, qui l'accompagne depuis trente ans. Béatrice est à la fois sa mère, sa maîtresse, sa meilleure pote, et ils se sont mariés pour le rire et le meilleur. Ensemble, ils ont fait trois beaux enfants, Fanny, Tom et Elsa, qui ont tous quitté le nid familial, au grand désespoir de ce papa poule. Cet infatigable marcheur arrive d'un pas alerte dans le bar du Bristol où nous avons rendez-vous. Philosophe, Michel l'est resté, et même s'il a compris depuis longtemps que la sagesse n'existait pas en ce bas monde, il a su aborder la soixantaine avec sérénité, ou presque…

*
* *

– *As-tu connu la crise de la soixantaine ?*

Oui, mais à cinquante-cinq ans ! Comme j'espère vivre deux fois quarante-cinq ans, sans les prolongations, un matin je me suis rendu compte que j'avais déjà dépassé la deuxième mi-temps.

— *Et à la fin, ce n'est jamais match nul ?*

L'essentiel c'est la victoire contre soi-même. Parvenir à vaincre ses angoisses, les doutes qui vous assaillent, surtout lorsqu'on fait un métier qui vous oblige à vous remettre sans cesse en question.

En pleine cinquantaine, tout à coup, l'addition d'une série d'événements a provoqué un trou d'air. J'ai perdu ma mère et mon meilleur ami, mes enfants partaient de la maison les uns après les autres, j'ai déménagé. On parle souvent des trois grands chocs de la vie, les fameux trois « D » : divorce, décès, déménagement. Lorsque les trois s'additionnent, c'est très mauvais et cela se produit souvent vers le cap de la soixantaine. Deux ont suffi pour moi : ce ne fut pas vraiment une dépression mais un état léthargique, où tous mes compteurs étaient à zéro. J'ai plongé dans le vide. Heureusement, j'avais toutes les commandes en main pour redresser l'avion, qui a chuté de plusieurs mètres.

Nous avons tous un petit coussinet d'anxiété permanente qui nous stimule et nous paralyse en même temps, mais que l'on parvient à gérer. Ce coussinet a plusieurs degrés : l'inquiétude, l'angoisse, la panique, l'effroi. À soixante-sept ans, la panique est arrivée car j'ai réalisé qu'en étant raisonnable, je ne pouvais espérer vivre plus qu'une trentaine d'années, ce qui me mènerait à quatre-vingt-dix-sept ans.

– Tu aimerais vivre aussi vieux ?

Cela dépend de mon état physique. Les personnes très âgées ont toujours les articulations qui déconnent, se lèvent le matin avec des vertiges... Si je souffrais sans avoir de maladie grave, je demanderais à mon médecin de me faire tous les deux jours, sous contrôle médical, une petite injection de morphine, et de me donner un verre de champagne. Ça me permettrait d'éloigner la douleur, d'avoir la banane et de ne pas embêter mon entourage.
D'ailleurs mon obsession est là. Devenir un fardeau pour les siens, c'est épouvantable. Être allongé devant la télé avec un plaid, aujourd'hui, pour moi, ce n'est pas imaginable. À quatre-vingt-dix-sept ans, l'addiction à la morphine, on s'en fiche un peu, non ?

– Es-tu vraiment optimiste ou as-tu peur de la mort comme tout le monde ?

Ce que j'ai gagné avec ma crise des cinquante-cinq ans, c'est de me dire qu'une seule solution existait pour se sortir de ce combat sans aucun survivant : prendre tout le bon de l'existence. C'est fou ce qu'il y a comme choses formidables à vivre. Ce n'est pas la peine de faire les rigolos, on ne s'en sortira pas. Comme il subsiste une interrogation colossale sur la fin, profitons de tous les instants de la vie. Et ça, que l'on soit riche ou pauvre, connu ou anonyme, c'est à la portée de tous.

– As-tu plus confiance en toi depuis que tu es dans la soixantaine ?

Avant, je roulais dans une voiture bien suspendue, la route était belle, pleine de jolies filles à droite et à gauche, je pouvais fumer, boire, je gérais ma petite anxiété permanente, mais la route me semblait tellement longue que je n'en voyais pas le bout. Ça, c'était juste avant les cinquante-cinq ans. Et puis un matin, je me suis réveillé en me disant : « Au secours, la voiture dérape, quel moyen ai-je à ma disposition pour éviter le pire : mon intelligence, ma tendance à avoir les pieds sur terre ? » J'ai beau avoir fait des études de philosophie, je suis arrivé à cette conclusion : ou je me jette par la fenêtre ou je me prends un coup de rouge avec un bon camembert. J'ai préféré la deuxième solution, et j'ai fait le compte de tout ce que j'avais à ma disposition, le soleil, la nature, les amis, le rire, les femmes, le sexe, la bonne bouffe.

60 ans... Et alors ?

– Te sens-tu plus seul ou plus entouré, avec le temps qui passe ?

On le sait, nous naissons seuls et nous mourrons seuls. La victoire sur soi, c'est de devenir ce que l'on est. Aller à la recherche de sa vérité, être en accord avec soi-même. La sagesse, c'est le chemin vers le bonheur, pourtant il ne faut surtout jamais se croire installé dans le bonheur. Nous vivons quelques moments heureux, mais le bonheur se déplace constamment. Nos envies, nos ambitions changent avec l'âge. Être dans l'attente nous permet d'avancer. Aujourd'hui, j'attends avec joie le dîner que je dois faire avec des amis. Y penser de temps en temps dans la journée m'aide à vivre. Comme je peux avoir la journée gâchée à la pensée d'un dîner ennuyeux.

– À soixante ans, on a encore des dîners ennuyeux ?

De moins en moins, car on a appris à sélectionner. Je ne vais plus dîner avec n'importe qui, je ne vais pas voir n'importe quel film, je ne pars pas faire n'importe quel voyage, je vais à l'essentiel car j'ai conscience que mon temps est compté. Avec l'âge, on sait reconnaître les vraies valeurs, comme la famille, la morale... Et notre vie est faite de repères. Vieillir, c'est faire le ménage et ne garder que la pulpe des relations, le meilleur du meilleur.

Michel Leeb

— *Ton éducation t'aide encore à plus de soixante ans ?*

L'idée fondamentale, c'est la conscience de soi. Jusqu'à ma crise de la soixantaine anticipée, je me servais inconsciemment de tout ce qu'on m'avait appris mais je vivais comme un oiseau. Jusqu'à ce que ma conscience vienne frapper à ma porte. Je me suis demandé ce que j'avais fait de ma vie et ce qu'il me restait à faire. Ce bilan est utile pour s'améliorer. Le journaliste Philippe Tesson m'a dit un jour : « Avec l'âge, il faut résister, accepter et être léger. » J'ai fait mienne cette devise. Lorsque je demande à Charles Aznavour ce qui le motive encore à plus de quatre-vingt-dix ans, il me parle du travail et de l'écriture. Pour lui, chanter à Tokyo, Pékin ou Rio, c'est sa survie. Il faut résister et accepter que tout cela s'arrête un jour en restant léger.

— *Es-tu content de toi ?*

Il ne faut surtout pas être content de soi sinon on reste assis, on ne progresse plus. Il ne faut jamais se satisfaire de ce que l'on a fait, même si je peux dire que je suis heureux d'être arrivé là où j'en suis aujourd'hui. Je voulais être un homme libre, ne pas me laisser enfermer dans une case car je suis claustrophobe. Ma diversité, c'est ma force. Je sais que j'ai du talent, et j'aime explorer des zones où je ne suis jamais allé. Être content de soi c'est l'immobilité. Je veux encore bouger, avancer, chercher, découvrir, offrir, donner, partager. C'est ça, la vie !

– *Es-tu inquiet pour tes trois enfants ?*

J'ai toujours été inquiet pour eux. Mais je suis heureux de les voir s'épanouir dans leur passion. Aujourd'hui, notre métier est devenu beaucoup plus difficile. Il y a quarante ans, lorsque tu débarquais à la télé, tu étais le roi du monde ; on touchait facilement dix millions de téléspectateurs. Aujourd'hui c'est fini tout ça. Mes enfants luttent pour survivre dans des marécages remplis de jeunes gens qui ont les mêmes envies. Tout est éphémère, tu es star un jour, le lendemain tu n'es plus rien. Ma fille vit en Suisse où sa carrière de chanteuse démarre gentiment. Mon fils Tom, c'est moi, mais en mieux. Il a tout, il est beau, il est courageux. Après avoir été à l'affiche d'un film avec Jean Reno, il se bat pour exister. Il a joué au festival d'Avignon, au milieu de mille quatre cents autres spectacles. Et pourtant il a mis toutes les chances de son côté. Un matin, il nous a annoncé qu'il voulait partir aux États-Unis pour ne plus être dans le cocon familial. J'ai dû le laisser s'en aller en étant évidemment très inquiet pour lui. Il s'est débrouillé pour se loger, pour prendre des cours, pour faire des petits boulots. Je suis très admiratif car, à son âge, je rêvais d'Amérique, mais je me suis dégonflé. Il est revenu avec un bagage de folie, et je lui souhaite vraiment de réussir. Quant à ma cadette, elle veut monter une société et se fait son carnet d'adresses. Je trouve les jeunes d'aujourd'hui très matures et très gonflés !

– *Fais-tu attention à ton hygiène de vie ?*

Je pense m'être amélioré avec l'âge. Je fais du sport. Avant je jouais au tennis ; aujourd'hui, pour ménager mes genoux, je fais de la marche rapide quotidiennement. Ça me fait un bien fou, mais je ne refuse pas un bon coup de rouge et un bon repas entre potes. Être sur scène pendant deux heures équivaut aussi à une séance de sport. Je sais pourtant que je peux faire un AVC demain matin et me retrouver dans une chaise roulante. Je fume quatre ou cinq cigares par semaine, j'apprécie un petit verre d'armagnac, et je refuse de m'en priver, même si je reste raisonnable.

– *Qu'aurais-tu envie de dire aux sexagénaires ?*

Rester actif en travaillant ou en cultivant une passion permet de vieillir moins vite. Je ne sais pas ce que signifie le mot retraite. Je n'arrêterai pas tant qu'on voudra de moi et que ma tête fonctionnera. Que l'on soit artiste ou non, il faut sans cesse avoir des projets. C'est le secret pour ne pas vieillir.

— Quelle a été la place de ton épouse, Béatrice, à tes côtés ?

Sans elle, je n'aurais jamais pu faire cette carrière. Elle a été mon tuteur, elle m'a permis de me tenir droit. Aujourd'hui, mon côté éclectique est une force, mais à mes débuts, c'était un handicap. On ne savait pas dans quelle catégorie me ranger, humoriste, acteur, chanteur. J'étais une sorte de chien fou, elle a su me stabiliser. Elle a été essentielle, notamment lorsque je me suis séparé de mon producteur, Gérard Louvin, il y a vingt-cinq ans. Elle n'y connaissait rien, mais n'a pas hésité à prendre les choses en main. J'étais un peu paumé, elle a su me rassurer. Elle m'a fait trois beaux enfants, a supporté mes doutes, mes échecs, mes triomphes. Avoir un mec qui rentre à la maison en disant « J'arrête ce métier, on se casse ! » et passer des nuits entières à remettre le moteur en route, ce n'est pas facile mais elle a su le faire. Nous vieillissons à deux, et nous nous apportons mutuellement. Béatrice a suffisamment de recul pour appréhender les situations les plus difficiles. Et puis nous partageons une qualité fondamentale : l'humour. Nous ne prenons rien au sérieux, et surtout pas notre âge. Lorsque nous raccompagnons nos enfants, après un dîner, il faut nous voir partir nous coucher comme des papy et mamie ! Si l'on prend tout ça au sérieux, on est mort.

Michel Leeb

— *Comment votre couple a-t-il résisté ?*

Le premier jour, j'étais déjà conscient que notre couple pouvait se briser et je lui ai dit : « Nous sommes ensemble, mais ça peut s'arrêter demain. » J'étais réaliste. Elle, elle était forte, car plus de trente ans après nous sommes toujours là. Aujourd'hui, je crois à la longévité de notre couple ! J'ai des amis qui ont refait leur vie avec une jeunette en quittant leur femme après trente-cinq ans de mariage. C'est leur droit mais on ne va pas se mentir : partir avec une jeunette, c'est très bien pendant trois mois. Elle t'entraîne en boîte, elle veut faire l'amour dix fois par jour. Mais à part dans les films, on ne peut pas faire l'amour dix fois par jour à soixante-sept ans et sortir tous les soirs, ça fatigue ! Au bout de trois mois, elle finit par te quitter. Bien sûr, nous faisons un métier où les tentations sont permanentes. J'ai toujours dit à Béatrice qu'il ne fallait pas m'en vouloir si je craquais pour un canon qui me tournerait autour. Ça la fait rire. C'est peut-être ça, le secret de notre couple !

— *As-tu encore des rêves ?*

Oui, heureusement ! J'ai très envie de continuer à chanter du jazz et à jouer au théâtre. Je vais d'ailleurs reprendre, vingt-sept ans après, *Le Tombeur*, une pièce formidable de Robert Lamoureux. Mais je rêve surtout de réaliser une comédie. C'est la première fois que je me mets sérieusement à l'écriture, car malgré mes nombreuses activités, je suis paresseux de nature. J'espère pouvoir réaliser ce rêve un jour.

– *Qui ont été tes modèles dans la vie ?*

Vittorio Gassman pour le cinéma, et Robert Hirsch pour le théâtre. Hirsch est un phare pour moi, c'est lui qui m'a donné l'envie de monter sur scène. Et puis en littérature, je lis et relis Jean d'Ormesson, avec qui j'ai eu la chance inouïe de passer une après-midi en tête à tête, chez lui. C'était un rêve car c'est un guide pour moi. Si je le lis sans cesse c'est parce que ses livres correspondent exactement à ce que je pense. Il est l'exemple même de la devise « Résister, accepter, être léger ».

*
* *

Michel Leeb... Je me suis retrouvé en lui lorsqu'il a parlé de ses enfants. Ils ont choisi de prendre la même direction professionnelle que lui, et je pense que lorsque des enfants vivent à côté de parents passionnés, ils ont envie de suivre leur chemin. Michel est très fier du courage de son fils, Tom, parti tenter sa chance aux États-Unis. Il était sans doute très inquiet mais, comme je l'ai fait avec mes deux enfants, il l'a alerté sur les dangers de ce métier. Et un « Tom » averti en vaut deux, dans ce cas. Même si l'expérience des parents ne sert pas toujours aux enfants qui veulent suivre la même voie qu'eux, ils savent mieux que d'autres les joies et les difficultés de la profession.

J'ai l'impression que son épouse Béatrice et lui forment une équipe que rien n'a pu détruire, ni les épreuves ni le temps qui passe. C'est une chance, lorsqu'on s'est donné pour but d'être au-devant de la scène, de rencontrer une femme n'ayant pas les mêmes ambitions que soi. Bien sûr, on connaît quelques couples stars, mais il y a toujours des problèmes d'ego, même si l'amour est très fort. Béatrice Leeb et Isabelle, mon épouse, n'ont jamais souhaité être mises en vedette et c'est peut-être le secret de la longévité de nos couples. Isabelle a beaucoup travaillé à mes côtés, sans jamais devenir mon agent, celle qui s'occupe de moi en permanence. Je ne l'aurais d'ailleurs pas souhaité, car cela peut être dangereux. Il est exceptionnel de réussir à gérer ça, et j'admire Béatrice qui doit tantôt protéger Michel, son mari, tantôt s'occuper de Michel Leeb, le comédien.

Leur couple est un exemple et pourtant Michel savait, dès le début, que rien n'est acquis en amour. Je ne l'ai pas dit à Isabelle, comme lui a pu le faire avec Béatrice, mais je sais depuis toujours qu'on ne peut pas retenir une femme qui ne vous aime plus. Je n'ai pas un tempérament jaloux mais Isabelle est entourée d'hommes dans sa vie professionnelle, et tout peut arriver. Heureusement, je crois qu'elle ne souhaite pas que notre chemin à deux s'arrête, et je ne le souhaite pas non plus. J'admets ne pas être un mari exemplaire, mais je suis capable de me battre pour sauver notre couple, s'il le fallait.

Michel parle des trois D – déménagement, divorce, décès – qui peuvent vous déstabiliser au seuil de la soixantaine. Je n'ai pas connu les deux premiers, mais j'ai perdu ma mère il y a quelques mois, et même si ça ne fait pas vieillir on y laisse forcément une part de son enfance. On n'est plus un fils… J'ai ressenti douloureusement l'absence physique de ma mère, mais je me suis aperçu qu'elle était toujours à mes côtés en pensée. Lorsque je vais dans mon dressing choisir une tenue pour une soirée, je l'entends toujours me dire : « Habille-toi bien, sois élégant. » Tant que l'on pense encore à une personne, elle n'est pas morte tout à fait. Et ma mère sera toujours en moi et avec moi.

NELSON MONFORT

Nelson Monfort est né d'un père américain et d'une mère néerlandaise. Que ce soit au bord d'une piscine après une compétition en championnat du monde, près d'une patinoire pendant des jeux Olympiques ou à la fin d'un match de tennis ou d'une course de cent mètres, Nelson est toujours au plus près des sportifs, pour recueillir à chaud leurs impressions. Il faut beaucoup de subtilité et de sensibilité pour aborder un athlète en pleine euphorie ou en plein désespoir. Ces qualités, Nelson les doit à l'éducation de ses parents et à ses années passées dans un pensionnat suisse. Passionné de musique classique et de chanson française, Nelson est devenu un personnage, que l'on adore ou que l'on moque, mais qui ne laisse pas indifférent. Il forme depuis quelques années un couple cathodique haut en couleur avec son complice Philippe Candeloro. Ses allures aristocratiques n'empêchent pas Nelson de s'entendre à merveille avec le petit gars de banlieue parisienne. Ces deux-là se sont bien trouvés, pour le plus grand plaisir des amateurs de sport à la télévision. Formant un couple uni avec son épouse Dominique depuis trente ans, Nelson est fier de ses deux filles, Isaure et Victoria. Jouer aux côtés de cette dernière dans une pièce de théâtre reste l'un de ses meilleurs souvenirs, et gageons qu'on le reverra sans doute sur d'autres scènes, cette expérience lui ayant donné le goût de la comédie. Nelson Monfort est un homme occupé mais qui sait se montrer disponible lorsqu'on le sollicite. En plein tournoi de Roland-Garros, il me rejoint dans une brasserie près du stade. Il est 10 heures du matin, il porte déjà veste et cravate. Pour lui, l'élégance n'est pas que vestimentaire, il me le prouvera une nouvelle fois dans cette interview.

*
* *

— *Le cap des soixante ans a-t-il eu de l'importance pour toi ?*

Il en a eu sans doute davantage pour mon entourage. Pour ma part, j'ai vu cette date arriver très sereinement sur le plan personnel, humain et familial. Mais si je veux être totalement sincère avec toi, je dirai que soixante ans est un cap professionnel où l'on se rend compte que les plus belles années sont derrière nous, même si je le pense sans amertume.

— *Le regard des autres te semble différent ?*

Certains regards peuvent changer. C'est à peine perceptible, surtout que j'ai la chance de participer encore à tous les grands événements sportifs, mais il existe de petits signes. Oui, dans nos métiers, un homme de soixante ans est en danger, et une femme encore plus, car nous ne sommes pas égaux sur ce plan-là, malheureusement.

— *As-tu peur de vieillir ?*

Non, parce que je considère qu'après soixante ans, chaque année de plus est une année gagnée. Beaucoup de gens n'ont pas eu la chance d'atteindre cet âge, et dans les années 1930 ou 1940 la soixantaine était déjà considérée comme le grand âge. Lorsque j'étais enfant, un sexagénaire me semblait un vieillard. Aujourd'hui, j'enseigne dans une école de journalisme et j'espère que les étudiants ne me considèrent pas comme leur grand-père. Je ne suis d'ailleurs pas encore grand-père, et je pressens que je le vivrai sans doute comme un cap bien plus important que celui de la soixantaine. Ma femme rêve d'avoir des petits-enfants, elle m'en parle souvent. Pour les femmes, c'est une énorme joie.

Pour les hommes aussi, mais on l'envisage peut-être moins facilement.

— Avec Dominique, cela fait trente ans que vous êtes ensemble, c'est un record ?

Surtout dans nos métiers... Tu sais de quoi je parle ! Pour moi, le socle familial est primordial, je n'aurais pas pu imaginer ma vie sans cela. Avoir une femme qui n'appartient pas à ce milieu a beaucoup contribué à mon équilibre. Elle me permet de prendre du recul et de comprendre que, Dieu merci, la vie existe en dehors de la télévision.

— Physiquement, tu sembles en pleine forme, fais-tu attention ?

Oui, je me contrains à un régime permanent. Être mince et en bonne santé me paraît une forme de respect vis-à-vis des joueurs et du public lors d'événements comme le tournoi de Roland-Garros. Dans ce genre de rendez-vous, les tentations sont nombreuses, je m'astreins donc à ne pas boire une seule coupe de champagne. Un ami de mon âge m'a confié récemment ne pas boire une goutte d'alcool une année sur deux ; et je t'avoue que cette forme de régime me tente, même s'il faut un certain courage pour s'y tenir.

— Jacques Chaban-Delmas m'avait expliqué un jour le secret de sa forme et de sa sveltesse : il se levait de table en ayant faim.

C'est un excellent principe et qui peut s'appliquer dans bien des domaines. Il est bon de ne pas se gaver pour être toujours dans l'attente. C'est le secret pour ne pas être blasé et garder son enthousiasme, élément essentiel si l'on ne veut pas vieillir.

— As-tu été choyé par ton père, américain, et ta mère, néerlandaise ?

Mes parents m'ont eu très tard, mon père arrivant presque à la soixantaine. Ils avaient l'âge d'être mes grands-parents, et ont énormément choyé leur fils unique. Mais enfant choyé ne veut pas dire enfant gâté. Ils m'aimaient, tout en me donnant une éducation stricte. C'est ainsi que j'ai moi-même tenté d'élever mes filles.

— Les fondamentaux inculqués par tes parents te guident-ils encore aujourd'hui ? Te sens-tu encore un fils ?

C'est une question émouvante, car malgré leur absence je pense à eux sans cesse. Ils restent des modèles de conduite pour moi. Mon père fut un exemple merveilleux. Le sport accompagne ma vie, mais plus que les résultats c'est à l'état d'esprit, l'éthique du sport, auxquels je suis attaché. Pour moi, le fair-play n'est pas une notion dépassée, même si elle est mise à mal de nos jours. Le respect de l'adversaire fait partie de l'éthique, et pas seulement dans le monde du sport. Je ne suis pas un tueur, et je me réjouis toujours de la victoire ou du succès des autres.

– *Te sens tu bien dans ton âge et dans ton époque ?*

Je me sens bien dans mon âge mais pas dans mon époque. Les réseaux sociaux sont les fléaux du XXIe siècle et je n'en ai nul besoin pour exister. Je dois d'ailleurs être l'une des rares personnalités publiques à ne jamais avoir consulté Google pour savoir ce que l'on dit de moi. Cette nouvelle forme de communication interdit tout vrai rapport entre les uns et les autres. Avec mon épouse Dominique, alors que nous dînions dans l'excellent restaurant tenu par Georges Blanc à Vonnas, nous avons été frappés par un couple près de nous qui n'échangeait pas un mot, trop occupé à écrire des textos. Et puis, quel plaisir y a-t-il à se rencontrer si l'on sait déjà tout de l'autre grâce aux réseaux sociaux ? L'intérêt d'une rencontre, c'est la découverte ; et comment peut-elle se faire sans la présence de l'autre ? Oui, je vis très mal dans cette époque-là.

— Calcules-tu les années qu'il te reste à vivre ? Es-tu obsédé par le temps qui passe ?

Je suis plutôt obsédé par le bon temps, en essayant de me ménager de jolis moments. Je ne suis pas angoissé par le temps qui passe, en revanche je me retourne de plus en plus volontiers vers mes souvenirs. Je me suis surpris récemment à penser aux grands événements qui avaient jalonné ma vie, comme mon mariage ou la naissance de mes deux filles, Isaure et Victoria. Moi qui suis un fou de chansons, j'écoute Frank Sinatra qui a souvent interprété des titres faisant allusion au temps passé, et Charles Trenet, une de mes idoles, qui a souvent fait référence à la vie d'autrefois. C'est le cas dans *Nationale 7* dont les paroles évoquent la France d'avant les autoroutes, une douce France où nous savions prendre le temps. J'ose dire que cette France-là était une France heureuse. Même s'il y avait plus de morts sur la route et si la pauvreté était bien présente, la France était moins violente et moins anxiogène.

— Soixante ans, est-ce l'âge de raison ?

J'espère ne pas avoir attendu la soixantaine pour être quelqu'un de sage et de raisonnable !

— Comment te définirais-tu en tant que père d'Isaure et Victoria ?

Je le résumerais en un seul mot : j'espère avoir été un père aimant.

— Au point de jouer une pièce avec Victoria ?

Cela s'est produit de manière fortuite mais c'est l'une des périodes les plus heureuses de ma vie. Un auteur de talent avait écrit une pièce en pensant à moi, ce qui est déjà très flatteur. Les deux actrices prévues pour le personnage de l'assistante ont déclaré forfait pour des raisons différentes. Et j'ai alors proposé de faire un essai avec Victoria, car la première du spectacle approchait à grands pas. J'ai eu la joie d'apprendre qu'elle avait été parfaite, et nous avons adoré partager ces moments rares sur une scène de théâtre. *Nettoyage de printemps* a été un porte-bonheur pour nous deux. J'ai vraiment aimé me retrouver sur une scène et Victoria commence maintenant une jolie carrière de comédienne.

— Tu étais comédien dans cette pièce, l'es-tu aussi parfois dans ton métier ?

Pour moi, le sport à la télévision doit être avant tout de la joie de vivre. Nous ne sommes pas sur la frontière entre le Liban et la Syrie, il ne faut pas avoir peur de faire le show. C'est d'ailleurs ce que nous faisons avec Philippe Candeloro, ce qui nous est parfois reproché. Je reste moi-même, sans craindre de donner du bonheur et de participer à un spectacle. Du reste, nous avons le projet d'interpréter une mini-série dont nous serions les héros, pour prolonger ce duo improbable mais qui fonctionne bien, si j'en crois les retours du public. Dans mon métier, je me sens extraordinairement jeune. Et lorsqu'on me demande si je ne suis pas blasé après autant d'années, je me rends compte à quel point je suis plus enthousiaste que jamais. Le public le sent et c'est peut-être pour cela qu'il a la gentillesse de m'aimer et de me le dire. Je ne supporte pas les journalistes ou animateurs revenus de tout. Ils oublient que des milliers de gens aimeraient être à leur place.

— À l'évocation de ton nom, on pense « distinction, savoir-vivre, élégance », ce sont des valeurs importantes pour toi ?

Nous parlions d'éducation tout à l'heure. Mes parents m'ont transmis l'élégance vestimentaire mais aussi morale. C'est une forme de respect de soi-même et d'autrui. J'en ai d'ailleurs discuté avec Andre Agassi lors de sa venue en France, à l'occasion de la sortie de son autobiographie. Steffi Graf, avec laquelle il forme un vrai couple, l'a totalement civilisé et reconstruit. Lorsque je suis revenu sur son attitude pas toujours fair-play quand il répondait aux questions des journalistes après les matchs, il m'a confié qu'il n'avait pas toujours envie de parler à des gens qui se présentaient à lui dépoitraillés et avachis. Et c'est vrai qu'à moi, il répondait toujours très poliment, sauf après un cuisant échec, mais je le lui pardonne volontiers. Pour ma part, je ne me force pas, porter une veste n'a rien d'un sacrifice, au contraire, je me sens mieux en veste qu'avec un tee-shirt. Et les membres de l'équipe de France Télévisions mettent un point d'honneur, eux aussi, à rester élégants même sur un terrain de sport.

— *Le respect de l'autre est-il vraiment ta règle de conduite ?*

C'est fait de nombreux petits détails : la ponctualité, le fait de rappeler lorsqu'on l'a promis… Récemment, j'ai sorti un livre chez un très joli éditeur, Place des Victoires. Ce livre ayant bien marché, une maison d'édition beaucoup plus importante m'a proposé d'éditer la suite. Il me paraît évident de rester fidèle à la maison qui m'a accordé une première chance. Pouvoir se regarder en face dans une glace aide à bien vieillir. À partir d'un certain âge, il faut être en accord avec soi-même.

*
* *

Nelson Monfort

Nelson Monfort, pour moi, c'est l'homme parfait. Il est impeccablement vêtu, arrive toujours à l'heure, s'exprime dans un français châtié, parle plusieurs langues. C'est le genre de type qui vous donne des complexes. Je n'imagine pas Nelson Monfort descendre promener son chien vêtu d'un vieux jogging ou sortir avec des baskets pas attachées, alors que j'en suis tout à fait capable. Cela vient sans doute de notre éducation différente, même si ma pauvre mère se désespérait lorsqu'elle me voyait sortir mal habillé. Nelson est un homme qui va bien vieillir, j'en suis sûr, car il semble raisonnable en tout. Il ne fait pas vraiment de régime mais se lève de table en ayant encore un peu faim. Moi je suis plutôt du genre à sortir de table repu ! Bien sûr, j'ai envie de mourir en bonne santé, comme disait Coluche, mais je ne résiste pas à l'appel d'une religieuse au chocolat ou d'un bon morceau de saucisson sec. Contrairement aux apparences, cependant, nous avons quelques points communs. Comme lui, je me tiens à mes premiers engagements et, lorsque j'ai accepté un rendez-vous, je ne l'annule pas. Je ne dis pas oui à tout car je ne veux pas me disperser, mais lorsque j'ai donné ma parole, je m'y tiens.

Nelson dit être l'un des rares personnages publics à ne jamais avoir consulté Google pour savoir ce qu'on dit de lui. Eh bien, cher Nelson, nous sommes deux. Je n'aime pas ce monde où plus nous cherchons à communiquer, moins nous communiquons. Pour moi, les réseaux sociaux sont les responsables d'un isolement dont nous ne nous rendons même pas compte. Quand j'entends quelqu'un m'annoncer qu'il a deux cents amis sur Facebook, je me dis que la notion d'amitié est sérieusement galvaudée.

Contrairement à Nelson, je ne me sens pas bien dans mon âge, mais, comme lui, je me sens bien dans ma vie, ce qui est au moins aussi agréable. Je suis heureux d'avoir cette femme-là, ces enfants-là, ce rythme-là. Et je ne les changerais pour rien au monde…

GILBERT MONTAGNÉ

Gilbert Montagné est arrivé dans la vie sans prévenir personne, même pas sa maman. Il est né sur la table de la cuisine du petit appartement familial, grand prématuré. Transporté à l'hôpital dans un filet à provisions, ce bébé qui pesait neuf cent cinquante grammes s'est accroché à la vie, passant quelques mois en couveuse, même s'il est devenu aveugle à cause d'une surdose d'oxygène. Mais cette cécité n'a jamais été un handicap pour ce petit garçon bien décidé à prendre les choses du bon côté. Il a la chance de découvrir le piano très tôt, et cet instrument deviendra son ami pour la vie. Après un détour par les États-Unis, où il va connaître son premier succès en public lors d'un concours de chansons, il fait le siège des maisons de disques, en vain, jusqu'au jour où la chanson *The Fool* devient un succès international. Ce titre fait le tour du monde et se classe n° 1 dans douze pays. Pourtant, ce triomphe tellement espéré le déstabilise et il part aux États-Unis et au Canada, pour trouver refuge dans l'anonymat. Mais le succès le rattrape et ses chansons *On va s'aimer* et *Les Sunlights des tropiques* vont faire danser plusieurs générations de fans. Depuis ses premières apparitions à la télévision, il essaie de se battre pour améliorer la condition des handicapés dans la vie quotidienne.

Tout le monde n'a pas la chance d'avoir Nicole à ses côtés... Nicole, c'est sa deuxième épouse, la compagne des bons et des mauvais jours. Mais les mauvais jours, cet incorrigible optimiste ne veut pas les voir. Il ne retient que les bons aspects de l'existence et c'est ce qui entretient la jeunesse de ce sexagénaire qui s'adonne avec bonheur à son nouveau métier de grand-père. Il se présente à notre rendez-vous au bras de sa fidèle Nicole, et même si nous nous connaissons depuis plus de trente ans, il me reste encore plein de choses à découvrir.

*
* *

— *Comment as-tu vécu le 28 décembre 2011, jour de tes soixante ans ?*

Pour moi, chaque jour est important, et comme je suis fondamentalement optimiste, j'ai très bien vécu l'arrivée de la soixantaine. Nous avons fait une fête sympa, en famille, mais ce n'était pas traumatisant. Ce jour-là, je me suis senti prêt à écrire les prochaines pages de ma vie. Et puis, même si je ne me suis jamais trop censuré dans l'existence, le cap des soixante ans permet d'oser dire tout ce qu'on pense, sans faire de la peine aux autres, bien entendu. Cet âge nous apporte une forme de liberté encore plus grande. Il m'a également apporté le bonheur d'être grand-père, et j'adore ça. J'ai totalement craqué en découvrant ma première petite-fille, même si j'ai l'impression d'être encore un enfant. Les adultes qui oublient leur part d'enfance sont souvent tristes. J'espère ne jamais le devenir, même en ayant dépassé les soixante ans.

— Les difficultés liées à ta naissance ne te prédisposaient pas à devenir sexagénaire...

Le médecin avait dit à ma mère qu'elle avait un fibrome, et le fibrome, c'était moi. Je suis un grand prématuré, né à cinq mois et demi sur la table de la cuisine. Comme je pesais neuf cent cinquante grammes, on m'a enveloppé dans du coton et transporté à l'hôpital dans un filet à provisions. Plus le temps passe, plus je suis persuadé que je me suis battu pour rester en vie. J'avais le choix de partir, et je me suis accroché ; c'est sans doute ce qui m'a donné un appétit de vivre qui perdure encore, à plus de soixante ans. Le dosage d'oxygène, trop fort, m'a sauvé la vie mais a brûlé mes nerfs optiques. Je suis resté trois mois et demi dans une couveuse, et je ressens cette période comme un temps d'immense solitude. Ces trois mois ont forgé une grande intimité entre moi et moi, et m'ont donné confiance, j'en suis sûr. J'ai appris dès la naissance à n'avoir peur de rien.

— *Cela est-il une ligne de conduite dans ta vie ?*

Bien sûr, j'ai des soucis comme tout le monde, pourtant je sais, par expérience, qu'après la pluie vient souvent le beau temps. En observant le malheur autour de soi, on se dit parfois que ça n'arrive pas qu'aux autres. Alors pourquoi ne pas se dire que le bonheur, lui aussi, n'arrive pas qu'aux autres, et se préparer à l'accueillir ?

— *Tu vas avoir soixante-trois ans à la fin de l'année, mais tes premières heures semblent avoir été déterminantes.*

Elles ont été cruciales car on ne peut pas grandir sans racines. Je suis persuadé que nous sommes conscients dès les premières heures de notre vie. Et même avant ! Ce que l'on entend dans le ventre de sa mère peut déjà être déterminant.

— Avoir soixante ans, qu'est-ce que ça change fondamentalement ?

Comme je suis du genre à voir le bon côté des choses, je me dis qu'il y a plein d'avantages à devenir sexagénaire. Par exemple, je me suis éclaté en allant chercher ma carte Senior à la SNCF, juste pour le fun. De toute façon, on ne peut pas remonter le cours de notre vie. Alors autant avancer le mieux possible.

— Dès l'enfance, tu semblais plein de sagesse. Tu as toujours su prendre les choses comme elles venaient ?

J'ai toujours été volontaire, peut-être parce que, avec mon handicap, je n'avais pas le choix. Très petit, j'ai dû éduquer les gens autour de moi. Mes parents étaient des gens simples, mais ils m'ont accueilli comme leur nouveau-né, point à la ligne. Ils ont eu l'intelligence de ne pas m'élever comme un enfant différent. Pourtant, lorsque je prenais le métro avec maman pour me rendre au seul jardin d'enfants adapté à des non-voyants, je me rendais bien compte que les usagers autour de moi ne me comprenaient pas. Dans les années 1950, on regardait bizarrement les handicapés, et je ressentais ces regards. Pour ne pas inspirer de pitié, je souriais. Ces voyages quotidiens dans le métro, dès l'âge de trois ans, ont été ma première expérience sociale. Cinquante ans plus tard, je garde un souvenir enchanté du jardin d'enfants dans lequel nous étions accueillis chaque matin par une chanson personnalisée. J'aimais déjà cette atmosphère musicale et les animatrices savaient respecter notre monde propre.

— Tu gardes des souvenirs très précis de ta toute petite enfance...

Je me souviens de l'inclinaison de la pente menant à notre garage, de l'odeur d'essence. J'adorais toucher les voitures car nous n'avions pas les moyens d'en posséder une. Mais je n'ai manqué de rien, et surtout pas de l'essentiel : l'amour de mes parents.

— Qu'as-tu envie de transmettre à tes petits-enfants, toi le jeune grand-père de soixante-trois ans ?

Comme à mes enfants, Éric et Nicolas, j'ai expliqué à Mia, Ava, Elsa et Noé, dès leur plus jeune âge, que leur grand-père avait les yeux cassés, mais que ce n'était pas grave. Je leur apprends à toucher le braille car c'est une écriture sensuelle. Et lorsque je suis sorti tout seul avec ma petite Mia, j'ai ressenti une immense fierté. Quand les gens nous regardent passer, je le sens et je trouve ça très beau.

— Tu sembles plein d'optimisme et de sérénité, est-ce que tu joues parfois le rôle de celui qui distribue du bonheur pour ne pas attrister les autres ?

J'ai la chance d'aimer distribuer du bonheur autour de moi. Je ne me force pas. De toute façon, avec l'âge, je n'ai plus envie de faire des choses qui ne me plaisent pas. À plus de soixante ans, je ne veux plus me laisser happer par la pression ; fini la course aux tubes, j'ai déjà énormément de chance d'être encore dans ce métier après quarante-trois ans de carrière.

— Être connu peut-il aider à vivre ?

J'ai une devise : ce n'est pas le succès qui rend heureux, mais si tu es bien dans ta peau, tu pourras apprécier le succès. Je rencontre régulièrement des artistes qui acceptent la notoriété uniquement quand ça les arrange. Ils veulent être des personnages publics sur les plateaux de télé ou dans les salles de spectacle, mais refusent d'être embêtés ensuite. Pour ma part, je ne me lasse jamais d'entendre des gens crier « Salut Gilbert » sur mon passage.

— L'amour du public est-il un moteur ?

Cela fait énormément de bien. Et cela me renvoie aussi à l'image du petit garçon dans le métro, à qui les gens ne donnaient pas grande chance d'avoir une belle vie.

— *Pour toi, est-ce que « Tout le monde il est beau, tout le monde il est gentil » ?*

Non, je ne vis pas dans une bulle ou à Disneyland. Je repère très vite les gens agressifs ou tristes. Il m'a fallu une sacrée dose de tolérance pour voir des personnes passer leur chemin sans un mot, quand je leur demandais de m'aider à traverser alors que j'étais sous la pluie. Bien sûr, cela ne m'arrive plus maintenant que je suis connu, mais je pense à tous les aveugles anonymes. Pourtant, ce que je regrette surtout, chez mes compatriotes, c'est le manque de sourire. Ils ne croient pas aux possibles, et c'est un vrai handicap. Moi, même si je ne vis pas le quotidien d'un voyant, je ne me sens pas handicapé. Il suffirait d'ailleurs d'un peu de bonne volonté et de bon sens pour nous faciliter la vie. Par exemple, les voyants ont la manie de laisser les portes entrouvertes, un bon moyen pour nous de les prendre dans la figure. Ce serait si simple de penser à les ouvrir ou les fermer... Et puis il faudrait leur dire qu'il n'est pas nécessaire de nous proposer un siège dès que nous entrons dans une pièce. Nous sommes aveugles, pas fatigués !

Gilbert Montagné

– **Pourquoi as-tu ressenti le besoin de défendre tes convictions ?**

Depuis mes premières apparitions à la télévision en 1971, j'ai toujours voulu sensibiliser le public aux problèmes du handicap. J'essayais de semer des idées à une époque où ça emmerdait tout le monde. Les gens n'étaient pas prêts. Je suis fier de faire partie de ceux qui ont osé pousser des portes afin d'obtenir de meilleures conditions de vie pour des personnes comme nous.

J'ai découvert l'énorme somme de travail fournie dans les ministères, mais aussi le peu de moyens mis en œuvre. La volonté d'améliorer l'accessibilité est présente, mais il manque le nerf de la guerre.

– **Est-ce que l'âge t'a permis de mieux comprendre ta vie et les autres ?**

En vieillissant, on apprend à mieux profiter de chaque instant qui passe. Il faut être conscient de notre capacité à nous améliorer. Il n'est jamais trop tard pour devenir meilleur. Il faut croire en ses forces et aux forces du bien. Car si tu crois aux forces du bien, tu ne peux pas craindre ceux qui te veulent du mal.

— Tu n'as donc peur de rien ?

Certains bruits sont impressionnants, comme les couloirs d'hôpitaux qui résonnent. Cela me renvoie à un homme hurlant sur un brancard, alors que j'étais venu rendre visite à mon neveu. J'avais alors neuf ans et ma peur est restée. C'est une chose intime dont je ne t'aurais peut-être pas parlé avant mes soixante ans. L'âge libère la parole.

— As-tu peur de vieillir ?

Non, car on vieillit dès le moment où l'on arrive au monde. Depuis que nous parlons, nous avons vieilli, alors autant s'y habituer et bien le prendre.

— Es-tu croyant ?

Je pense tout d'abord qu'il faut se préparer à vivre l'après. Et je crois à la lumière du Ciel, la seule que je puisse voir. Je suis persuadé qu'un esprit créateur a tout inspiré.

Par ailleurs, j'attends encore des progrès comme les voitures intelligentes. J'aimerais tellement pouvoir emmener mon épouse, Nicole, mes enfants, ou mes amis, dans une voiture assistée ! Je ne conduirais pas vraiment, mais on ne me conduirait pas non plus.

— Nicole, ta deuxième épouse, t'aide à rester en forme ?

Elle est mon épouse, mon amie, ma confidente, mon accompagnatrice. Nous nous accompagnons mutuellement, plus exactement. C'est important pour moi d'avoir ce regard à la fois bienveillant et exigeant. Elle m'aide à prendre soin de moi, en me reprochant parfois d'être gourmand, par exemple. Notre amitié s'est peu à peu transformée en amour, et nos couples s'étant dissous à peu près en même temps, nous nous sommes protégés l'un l'autre. Elle a changé beaucoup de choses dans ma vie. Sa force irradie et me protège, comme je la protège aussi.

— Pardonne-moi cette question, mais comment peut-on savoir que l'on a trouvé la femme de sa vie sans la voir ?

Avoir besoin de ses yeux pour tomber amoureux est très triste. Bien sûr, j'aimerais pouvoir échanger des regards complices avec Nicole, car je suis certain que c'est très beau. Seulement mon disque dur n'est pas programmé pour ça, je vois différemment. Mais les sentiments sont les mêmes pour tous.

— Tu imagines ce que tu ne vois pas ?

Le mot « imagination » est formé sur le mot « images ». Les images, je ne les ai pas en magasin, mais ne pas savoir ce que sont les couleurs ne m'a jamais empêché de dormir. Pour autant, je ne vis pas dans le noir ; d'ailleurs, je ne sais pas à quoi peut ressembler le noir.

— *Est-ce que Nicole sait tout de toi ?*

Elle dit que oui, mais j'ai encore quelques surprises en réserve pour elle. Continuer à se surprendre mutuellement est le gage de longévité d'un couple.

— *Comment envisages-tu l'avenir ?*

J'ai hâte d'avoir quatre-vingts ans pour me lâcher encore plus. Je me permettrai encore plus de choses, alors tout le monde aux abris !

— *La musique a-t-elle été ta plus fidèle compagne ?*

J'ai appris la musique dès l'âge de cinq ans, dans une école pour non-voyants. À l'époque, d'ailleurs, je ressentais comme une forme de ségrégation le fait de ne pas être accepté dans l'école de mon quartier avec mes copains. Je me rappelle très bien la sensation que j'ai éprouvée en posant mes mains pour la première fois sur un clavier de piano. L'odeur de bois ciré, les touches en ivoire, l'harmonie de la musique, tout cela a créé un choc en moi. Dès l'âge de sept ou huit ans, je pouvais jouer d'instinct un air entendu à la radio. C'était naturel, sans effort.

– *Pourquoi la découverte de Ray Charles a-t-elle été si importante pour toi ?*

Dans la cour de récréation, nous jouions à Ray Charles, imaginant sa vie en coulisses, entouré de filles. Sa réussite était un espoir pour tous les jeunes non-voyants. Il nous a ouvert la porte des possibles. À seize ans, j'ai réalisé un de mes rêves en allant faire un séjour aux États-Unis. Je pouvais enfin écouter la musique que j'aimais ! Je me suis fait une indigestion de Marvin Gaye et The Supremes. En arrivant là-bas, je suis devenu un autre. Poussé par ma tante qui s'était installée aux États-Unis, j'ai même participé à un concours amateur, devant cinq mille personnes, à Atlantic City. Chanter en français était suicidaire mais le succès remporté lors de ce concours m'a donné le courage de réaliser mon plus grand rêve, devenir chanteur.

– *Et pourtant, tu n'as pas supporté ta célébrité soudaine. Pourquoi ?*

En 1974, j'ai fui la France car je n'aimais pas les règles que la notoriété m'imposait. Je n'ai jamais voulu me comporter en star intouchable. Mon entourage m'empêchait de me rendre dans des endroits publics, mais rester caché derrière les vitres teintées de ma voiture ne me ressemblait pas. J'ai toujours eu besoin de contacts humains et ce n'était pas mon nouveau statut de vedette qui allait me transformer !

— *Penses-tu qu'on choisit sa vie, ou que la vie choisit pour nous ?*

La vie choisit souvent pour nous mais je crois aux possibles. Il faut se donner les moyens de choisir son destin.

— *En ayant dépassé les soixante ans, penses-tu pouvoir compter sur toi ?*

Je me suis retrouvé dans des situations très difficiles, où je n'ai dû compter que sur moi-même. Pour nourrir ma famille, j'ai dû faire la manche pendant quelques jours ; je savais que c'était un passage nécessaire, mais fort heureusement temporaire.

— *Qu'as-tu envie de transmettre à ceux qui, comme nous, ont passé le cap de la soixantaine ?*

Il faut prendre le temps de réaliser notre chance d'être en vie. Dans ma jeunesse, on se moquait des gens âgés qui disaient toujours que l'essentiel était la santé. Aujourd'hui, je me rends compte à quel point ils avaient raison. Mais il faut également savoir que lorsqu'on a des problèmes de santé, on peut agir sur sa guérison. On ne sait absolument pas quand tombera la dernière carte, alors continuons à jouer car le vent peut toujours tourner en notre faveur.

– *Es-tu fondamentalement optimiste ?*

Oui, et ça m'arrange car une étude a démontré que les optimistes vivent plus longtemps que les autres. Pourquoi se faire du mal en étant pessimiste ? On traverse tant d'épreuves, autant mettre toutes les chances de son côté !

– *Fais-tu attention à ta forme ?*

Je me suis repris en main, poussé par Nicole, en faisant trente minutes de vélo quasiment tous les jours, et je fais un petit régime, car je me laisse parfois aller sur la bouffe. Je suis un gourmand, et c'est normal : en tant que prématuré, je me rattrape !

– *Est-ce que l'humour t'aide à vivre ?*

L'humour est essentiel pour arriver à une certaine sérénité. Sourions, rions, la vie est trop courte pour qu'il en soit autrement. C'est évidemment le message de mes chansons, comme *On va s'aimer* ou *Les Sunlights des tropiques*. Dans mes concerts, ces chansons permettent aux gens de se lâcher et d'oublier leurs soucis pendant quelques instants. Mais je ne suis pas non plus un bonbon acidulé. Je n'hésite pas à dire non quand ça ne me plaît pas. L'avantage des sexagénaires, je le répète, c'est d'avoir cette liberté de dire ce que l'on a envie de dire.

Et la sagesse, acquise avec l'âge, c'est aussi de savoir que rien n'est éternel et que tout peut s'arrêter du jour au lendemain.

*
* *

Gilbert Montagné... Je le connais depuis trente ans et je ne l'ai jamais vu de mauvaise humeur. Son optimisme est bien réel, et c'est une leçon pour nous tous, qui nous plaignons pour le moindre bobo. J'ai été bluffé par les souvenirs précis qu'il a gardés de sa toute petite enfance. En l'écoutant parler, je me demandais quel était mon souvenir le plus lointain. Je me suis revu assis sur le rebord de la fenêtre de notre petit appartement, m'inventant un jeu où je devais compter le nombre de voitures rouges et bleues. Gilbert sera d'accord avec moi : quand on n'a pas d'argent, on est obligé de faire marcher son imagination.

Il parle évidemment beaucoup de son bonheur d'être un jeune grand-père. Je ne le suis pas encore, et contrairement à ma femme qui en a très envie, je ne suis pas pressé. Je sais que ça arrivera, mais pour l'instant ce n'est pas le cas, donc n'anticipons pas. Au fond, c'est comme la soixantaine : être grand-père, c'est aussi un cap à passer ! Et pourtant je suis sûr que je vais adorer, car on aime forcément les enfants de ses enfants. C'est une prolongation, une bouffée de sang neuf dans la maison, et, à la différence de ceux qui prennent un coup de vieux quand on les appelle « papy » ou « pépé », moi j'espère prendre un bon coup de jeune.

Ce qui fait vraiment prendre conscience de son âge, c'est tout ce qu'on fait pour la dernière fois. Ces petites morts qui s'accumulent, lorsqu'on ne peut plus courir, plus conduire sa voiture. Heureusement à soixante ans, on n'en est pas encore là. Mais la soixantaine, c'est l'âge où plein de petits signes d'alerte apparaissent. Je ne suis pas partisan de suivre un régime strict ou d'aller en thalasso à Quiberon, car je suis persuadé que l'on peut faire sa propre cure en préférant les escaliers aux ascenseurs, le vélo à la voiture et la marche aux transports en commun. Le jour où je me dirai qu'il fait trop chaud, que c'est trop loin, je pense que je prendrai conscience de mon âge.

Je comprends que Gilbert ait pu fuir la célébrité soudaine, mais ensuite, il n'a jamais pris comme une contrainte les sourires et les bonjours qu'on lui lance dans la rue. Lorsqu'on a fait le choix d'être un personnage public, on ne peut pas profiter de ce que le public nous apporte et trouver pesant que des gens nous saluent dans la rue. C'est le jour où l'on ne nous reconnaît plus que l'on a du souci à se faire.

JEAN-PIERRE PERNAUT

Jean-Pierre Pernaut présente depuis vingt-six ans le JT le plus regardé d'Europe. Chaque jour, cinq millions de téléspectateurs en moyenne suivent son journal de 13 heures sur TF1. Les humoristes et les journalistes branchés raillent son goût pour la France profonde et le fait qu'il préfère mettre à l'honneur un nougatier de Montélimar plutôt qu'une star du show-biz, mais Jean-Pierre Pernaut reste l'une des personnalités préférées des Français et cela fait trente ans que ça dure.

Les téléspectateurs lui restent fidèles, car ils le sentent sincèrement attaché à la province d'où il vient. Il retourne régulièrement dans sa belle ville d'Amiens, où il est né il y a soixante-quatre ans. Pour se ressourcer, retrouver les vraies valeurs et rendre visite à sa mère, qui reste sa première fan à quatre-vingt-dix-neuf ans. Être suivi tous les jours par des millions de gens, avoir épousé une ravissante Miss France, Nathalie Marquay, tout cela aurait pu lui faire attraper la grosse tête. Mais avec Jean-Pierre Pernaut, pas de danger. Un petit tour sur le marché d'Amiens lui rappelle d'où il vient, et c'est le principal. Sa vocation de journaliste était précoce, mais son arrivée à la présentation du 13 heures fut imprévue. Il a dû remplacer au pied levé un de ses maîtres, Yves Mourousi, pour quelques jours... et il est depuis vingt-six ans aux commandes de ce journal qu'il a totalement transformé. Aujourd'hui papa de deux grands enfants et de deux petits, que lui a donnés Nathalie, il découvre avec passion l'univers du théâtre. En écrivant sa première pièce, il s'est offert un enthousiasme de gamin, et c'est un bon moyen de ne pas voir se dessiner le cap des soixante-cinq ans. Ce provincial dans l'âme, qui se déplace le moins possible dans Paris, m'a fait l'amitié de traverser la capitale pour un rendez-vous dans le quartier de Mouffetard.

*
* *

— *Est-ce que tu supportes d'avancer en âge ?*

Lorsque je regarde en arrière je suis conscient d'avoir vécu beaucoup de choses, mais le temps a passé tellement vite... Je ne me vois pas vraiment vieillir. Bien sûr, à la télévision, le maquillage demande un peu plus de soin qu'auparavant, mais ce sont surtout les images d'archives qui vous fichent de sacrés coups de vieux ! Je n'oublie cependant pas que l'âge a l'avantage d'apporter une certaine expérience.

– *As-tu fait une fête pour tes soixante ans ?*

Ma femme avait organisé une jolie fête, en réunissant mes deux fils aînés et les deux petits. Depuis quelques années, je n'aime plus marquer mes anniversaires. Le jour de mes quarante ans, j'étais aux Antilles avec mon ex-femme, et j'ai carrément refusé de les fêter. Mais pour moi, ce qui passe le plus mal, c'est le chiffre 5. Quand j'ai eu cinquante-quatre ans, je me sentais encore quinquagénaire, mais le jour de mes cinquante-cinq ans je me suis senti proche des soixante, et je ne l'ai pas bien vécu. Aujourd'hui, j'ai soixante-quatre ans ; je sais d'avance que le jour de mes soixante-cinq ans, je me sentirai à l'aube des soixante-dix, et ça me fait peur.

– *Qu'est-ce qui change réellement avec l'entrée dans la soixantaine ?*

J'ai la chance d'avoir deux enfants âgés de dix et onze ans qui m'obligent à garder le rythme d'un père quadragénaire. Jouer au foot avec son fils permet de conserver sa forme et de ne pas rester dans un fauteuil à faire des mots croisés. Physiquement ça aide, on se doit de rester performant, d'avoir la pêche. Il faut s'accrocher…

À trente ans, j'avais la forme mais pas le temps. Grand reporter, je donnais la priorité à mon boulot. J'ai toujours vu mes deux aînés en coup de vent, entre deux valises. Aujourd'hui, j'aide les deux petits à grandir, et eux m'aident à ne pas vieillir.

– Tu es un exemple rare de fidélité à la télévision…

Je ne suis pas vendu avec le poste, comme quelques-uns doivent le penser, mais je suis resté fidèle à une entreprise dans laquelle je me sens bien. J'ai été reporter, j'ai animé des émissions pour enfants avec un jeune homme, un certain Patrick Sabatier, j'ai présenté le journal de 23 heures. À TF1, j'ai eu la chance d'exercer tous les métiers dans de bonnes conditions, je n'ai donc jamais éprouvé le besoin de partir.

– Envisages-tu le moment où tu quitteras l'antenne ?

Je n'y pense pas, mais je sais que certains y pensent autour de moi. On se souvient tous des gens qui font l'année de trop. J'espère avoir un entourage assez courageux pour oser me le dire. Je leur demande d'ailleurs d'être vigilants et de m'alerter, car je ne suis pas sûr d'avoir le recul suffisant pour m'en apercevoir.

Le jour de mes soixante ans, *Le Parisien* l'a signalé dans un écho. Le lendemain, dans un avion, le type de la sécurité me regarde et me demande : « Monsieur Pernaut, vous arrêtez quand ? » C'était le premier à me dire ça et ça m'a énervé. Quelques minutes après, une dame me dit : « Monsieur Pernaut, il ne faut surtout pas prendre votre retraite. » Mais je n'y avais jamais pensé, moi, à ma retraite ! En fait, pour la plupart des gens, la soixantaine sonne la fin d'un cycle. Pourtant, aux États-Unis, une présentatrice vient de prendre sa retraite à quatre-vingt-quatre ans. J'ai donc annoncé à mon équipe que j'arrêterai au même âge qu'elle !

– Qu'est-ce qui te ferait prendre la décision d'arrêter ?

J'arrêterai si je perds mon enthousiasme. Je comprends que des sexagénaires soient contents de cesser de travailler, s'ils ont exercé un métier pénible ou inintéressant. Ayant la chance de m'éclater dans ma vie et dans mon boulot, je n'ai pas envie que tout cela se termine du jour au lendemain. Tant que j'aurai la pêche, je continuerai, alors vous n'avez pas fini de me supporter !

60 ans... Et alors ?

— *Tu passes à la télé quotidiennement depuis quarante ans, mais le public te connaît-il vraiment ?*

Je pense être assez proche de celui qui est à l'antenne tous les jours à 13 heures. On ne peut pas jouer un personnage pendant quarante ans. Et puis je partage la vie des téléspectateurs en essayant de mener une existence normale. Je vis à la campagne près de Paris, je jardine, je vais chercher mes enfants à l'école… Et ceux qui me reçoivent, chaque jour, sur le petit écran, j'ai l'impression de faire partie de leur famille.

Je me souviens d'une réflexion de Grégory Lemarchal, un gamin que j'adorais. Sur le plateau de la « Star Academy », il est un jour venu me saluer en me disant qu'il était ravi de me rencontrer car ses parents l'obligeaient à me regarder tous les midis depuis sa plus tendre enfance. J'ai beaucoup aimé le mot « obligé » !

— *Cette « normalité », que tu revendiques, vient-elle aussi de ton éducation ?*

Ma mère était pharmacienne, mon père dirigeait une fabrique de machines-outils. Je pense très souvent à lui, et parfois j'imagine ce qu'il me dirait dans certaines situations. Je me mets alors à rire tout seul, car il avait beaucoup d'humour. J'ai la chance d'avoir toujours ma mère. À quatre-vingt-dix-neuf ans, elle m'engueule encore si je porte trois jours de suite la même cravate ! Avoir des enfants jeunes et une maman attentive me permet, à soixante-quatre ans, de me sentir encore gamin. À part quand je monte des escaliers : mon essoufflement me renvoie à mon statut de sexagénaire.

– *Prends-tu soin de toi ?*

J'ai fait beaucoup de sport et je continue, notamment grâce à mon fils aîné, Olivier, avec qui je dispute chaque année le Trophée Andros de course automobile sur glace. M'amuser comme un fou au milieu de gens plus jeunes m'entretient. C'est une vraie chance de partager une passion avec son fils.

– *À quoi penses-tu en te regardant le matin dans la glace ?*

J'ai toujours accepté mes rides, les petits signes du temps. On me conseille de me faire implanter des cheveux. Mais s'ils partent, c'est la vie, je ne veux rien y faire. Et puis, je suis un des rares hommes à être maquillé tous les jours, alors ça m'aide à ne pas me voir vieillir. Ma femme me fait faire un petit régime de temps en temps. Pourtant, ce qui me maintient réellement en forme, c'est le moral. J'ai eu la chance de découvrir l'univers du théâtre grâce à Nathalie, mon épouse. Je m'aperçois qu'il existe une vie en dehors de la télévision, et faire encore des découvertes à plus de soixante ans est un bon moyen de ne pas penser à son âge. Et puis le fait de vivre avec une femme plus jeune oblige à se bouger pour être à la hauteur. Évidemment, je ne vais pas jusqu'à conseiller de changer de femme en cours de route, mais lorsque la vie est faite ainsi, c'est évidemment le meilleur des antirides. Cela dit, ce n'est pas parce qu'on vient de fêter ses quarante ans de mariage qu'on est obligé de rester chacun dans un fauteuil à regarder la télévision en attendant que le temps passe.

– Penses-tu qu'il existe quelque chose après la mort ?

Je suis croyant mais je déteste évoquer ce genre de choses. Je suis tellement dans l'action que je n'ai pas le temps de prendre du recul pour penser à la mort, à l'au-delà. Quand je parle à mon père, j'espère juste qu'il m'entend. Aujourd'hui, je pense simplement à bosser, à m'amuser avec mes enfants, à prendre le meilleur de la vie.

– Le travail est-il une fuite, un moyen de ne pas penser aux sujets qui fâchent ?

Je ne m'enferme pas dans le travail car j'ai la chance d'avoir de jeunes enfants à la maison. Je cours en permanence pour les accompagner au cours de batterie le lundi, au cours de tennis le mardi. Ce n'est pas le rythme de vie habituel d'un homme de soixante-quatre ans...

– Quel regard portes-tu sur ta carrière ?

Lorsque je regarde mon parcours, j'estime avoir eu une chance inouïe en réussissant dans un métier auquel rien ne me prédestinait. Je vivais dans un petit village, j'allais à l'école communale, j'étais loin de ce monde. J'ai commencé au temps du noir et blanc, et dans les campagnes, bien des gens venaient encore acheter leurs médicaments en voiture à cheval. Raconter ça ne me rajeunit pas, certains jeunes vont même penser que j'ai grandi au Moyen Âge !

– En tant que journaliste, quels grands événements t'ont marqué ?

Deux événements m'ont donné envie de devenir journaliste : la mort de Jean XXIII et celle de Kennedy. Je me revois encore découper les articles dans *Paris Match* et *Le Courrier picard*, les deux seuls journaux que nous recevions à la maison. Je regardais aussi la télévision ; nous avons eu la première du village. Dans le fond, je pense que ma vocation de journaliste est née lorsque j'ai découvert l'endroit où l'on fabriquait *Le Courrier picard* à Amiens, et surtout l'odeur du plomb. Aujourd'hui, que l'on fabrique un journal ou des chaussettes, ça sent l'ordinateur.

Je me souviens également de mon premier reportage, lors de la catastrophe aérienne d'Ermenonville. Et de mon premier commentaire pour un journal régional, un accident de train, avec de nombreux morts. On m'avait d'ailleurs surnommé « Monsieur catastrophe ». Et puis ma carrière a été jalonnée de rencontres, comme celle avec Indira Gandhi en Inde, ou l'abbé Pierre, dont je n'oublierai jamais la douceur et son parler vrai. Travailler avec Yves Mourousi, ou Léon Zitrone, m'a beaucoup appris. Yves Mourousi a créé une télé moderne, et Léon Zitrone m'a montré l'exemple en refusant d'enregistrer des commentaires, quitte à venir s'enfermer dans un petit studio à minuit pour commenter des championnats de patinage artistique en direct, alors qu'il était une immense vedette. C'était une autre époque.

– *Comment expliquerais-tu la vie à tes jeunes enfants ?*

La vie, c'est une succession d'événements, bons ou mauvais, qu'il faut essayer de prendre le mieux possible. Bien sûr, j'ai vécu des moments pénibles, comme la mort de mon père ou mon divorce, mais il faut savoir profiter des instants de bonheur que nous offre l'existence.

– Ton journal est leader mais il reçoit beaucoup de critiques, comment le vis-tu ?

J'ai eu la chance de me faire virer très jeune et d'avoir croisé, à ce moment-là, les regards fuyants de gens qui m'adoraient quelques jours plus tôt. Je connais donc la vraie valeur des choses, leur fragilité. Mais les critiques sont devenues tellement lourdes et répétitives qu'après en avoir été blessé, je les supporte très bien aujourd'hui. J'ai tout de même écrit aux auteurs des Guignols au moment où ils me faisaient passer pour un facho. Ma fille, alors à la fac, le vivait très mal, et lorsque la caricature devient mensongère, il faut savoir réagir.

– La notoriété est-elle pesante, parfois ?

Avec Nathalie, nous avons dû nous accrocher très fort pour ne pas souffrir des photos volées, ou des articles arrivant à des moments agités de ma vie. Mais on s'est habitués. D'après certains journaux, j'ai dû avoir autant de maîtresses que de chroniqueuses à « Combien ça coûte », alors on finit par en prendre son parti. Si je me cachais derrière des lunettes noires, je serais sans doute encore plus ennuyé. Et puis quand je fais mes courses de voitures, ou quand je vais chercher mes enfants à l'école, je ne suis pas « Jean-Pierre Pernaut de la télé », je suis Jean-Pierre Pernaut. J'essaie de ne pas m'enfermer dans une bulle.

— Tu penses avoir décidé de ta vie ou est-ce la vie qui a décidé pour toi ?

Ma femme croit très fort au destin, sans doute parce que, étant condamnée, elle s'est sortie de son cancer. Moi je pense qu'il faut savoir prendre les bons virages, être présent au bon endroit au bon moment. C'est l'histoire de ma vie. Être le seul à pouvoir remplacer Yves Mourousi, lors de son départ précipité, fut ma chance. J'étais terrorisé, comme je le suis encore aujourd'hui, avant chaque direct. Entendre les expressions « Pernaut l'inébranlable » ou « Pernaut l'inamovible » me fait hurler de rire. Car je sais que tout peut s'arrêter demain. Je peux avoir un accident, une attaque, faire une énorme connerie. L'inquiétude ne m'a jamais lâché, même si je réalise 45 % de parts de marché quotidiennement.

— Tu es encore stressé, après plus de quarante ans de carrière ?

Oui, c'est d'ailleurs pour cette raison que je ne parviens pas à cesser de fumer. C'est tellement personnel, un journal télévisé. J'arrive chaque matin en essayant de construire un journal qui me ressemble, alors que l'actualité est la même pour tout le monde. Et je suis dans le même état d'esprit que lors de mon tout premier journal. Dans ces conditions, il est impossible de se sentir vieux !

— *Te lancer dans l'aventure théâtrale, c'est aussi une cure de jouvence ?*

Bien sûr, car je me suis retrouvé dans la situation d'un débutant. Parvenir à faire rire des centaines de gens en improvisant un passage sur scène en livreur de pizzas a été le déclencheur. Ensuite, nous avons dû travailler dur, Nathalie et moi, réécrire la pièce qui manquait de rythme, et convaincre des producteurs. Mais cela en valait la peine, car j'adore, quand je suis dans la salle, entendre les gens rire à notre pièce, *Piège à Matignon*. Apprécier les réactions immédiates du public, et prendre des trains de nuit pour pouvoir suivre Nathalie en tournée tout en assurant mon journal quotidien m'empêche évidemment de voir le temps passer.

— *Qu'est-ce qui t'a séduit, chez Nathalie ?*

C'était la première fois qu'une jeune femme parlait de son cancer si ouvertement. Elle était et reste persuadée qu'il faut en parler pour le vaincre. Mais c'était encore un mot tabou à l'époque et j'ai admiré son courage. Lorsque je la vois se battre pour son association, je la trouve formidable. Elle m'a fait découvrir un monde que je ne connaissais pas. Dans les hôpitaux, nous rencontrons des gamins qui se battent, eux aussi, avec un courage extraordinaire. Cela permet de relativiser nos petits problèmes de la vie quotidienne.

– Est-ce que tu es du genre à consulter souvent des médecins ?

Non, au contraire, ils m'engueulent parce que je ne viens pas les voir. L'autre jour, j'ai ressenti une douleur aux genoux. Je me suis aperçu qu'autour de moi, certains de mes amis avaient mal aussi, alors qu'ils n'avaient que quarante ans. Cela m'a rassuré.

– Comment vois-tu les dix ans à venir ?

Je ne me projette jamais dans l'avenir. À quarante ans, je ne pensais pas à mes cinquante. Aujourd'hui, je ne veux surtout pas penser à mes soixante-dix ans, ce serait dramatique. Je n'ai pas d'objectif de carrière, j'essaie juste de vivre le moment présent et j'aimerais voir grandir mes enfants. Si la télé s'arrête demain, je pense que ce sera difficile de quitter un métier qui me passionne toujours autant, je préfère donc ne pas y songer. Voir des gens plus jeunes que moi prendre leur retraite me fait, malgré tout, réaliser que tout s'arrêtera un jour, mais le plus tard sera le mieux.

*
* *

Jean-Pierre Pernaut... Ce qui me frappe dans son parcours, c'est sa fidélité à TF1. Je comprends tout à fait cet attachement, même si la vie en a décidé autrement pour moi. Je n'ai jamais tenu à changer pour changer. La preuve, j'ai beaucoup d'amis de trente ans, j'ai la chance de vivre avec la même femme depuis trente et un ans, je garde très longtemps mes collaborateurs et je crois détenir encore le record de longévité de présentation de la tranche 8 h 30-11 heures sur RTL. Ce que j'admire également chez Jean-Pierre, c'est son côté « Petit village gaulois d'Astérix ». Lorsque les journalistes parlent du journal de Jean-Pierre Pernaut, les plus gentils se moquent de ses reportages sur le nougatier de Montélimar, et les plus méchants vont jusqu'à dire que ce n'est pas du journalisme. Ils oublient juste que cette mise en valeur de la France et de ses artisans passionne chaque jour cinq millions de téléspectateurs. Ce qui est formidable, c'est que Jean-Pierre, malgré sa réussite à Paris, est resté un provincial, qui a besoin de retourner régulièrement dans son département de la Somme, non seulement pour aller voir sa mère, mais aussi pour se souvenir d'où il vient et où sont les vraies valeurs. On le sent authentique et il a compris, comme moi depuis longtemps, que la vie ne s'arrête pas aux portes de la capitale. Passer beaucoup de temps dans mon nid en Provence m'a permis de découvrir que les réactions et les échanges que l'on peut avoir à Paris ne sont pas de même nature que ceux que l'on peut trouver en marchant dans les Alpilles ou en faisant les marchés de Provence. La Provence a contribué à mon équilibre, comme la Somme doit contribuer à celui de Jean-Pierre. Je me suis reconnu en lui lorsqu'il évoque la période où les Guignols le brocardaient. J'ai moi-même été « guignolisé » au côté de Jean-Pierre Foucault. Avec le couple « Sabatier Foucault » et la boîte à cons, nous étions devenus le symbole d'une chaîne attaquée à l'époque. Et je peux vous dire que les Guignols, c'est très drôle quand ce sont les autres qui sont caricaturés ! On peut toujours se consoler en se disant qu'être aux Guignols signifie que l'on existe. Je ne suis plus aux Guignols depuis bien longtemps et je ne m'en porte pas plus mal. Je ne suis pas un professionnel de l'autodérision mais quand Laurent Gerra m'imite, je trouve ça drôle et normal car il fait son métier. La seule chose qui me gêne, c'est lorsque la caricature est basée sur une rumeur ou véhicule une fausse information. Fort heureusement, ça ne m'est jamais arrivé.

FRANCIS PERRIN

En 1972, un jeune homme tout feu tout flamme déboule en larmes sur la scène du Conservatoire d'art dramatique. Ce sont des larmes de joie car Francis Perrin vient de décrocher trois premiers prix de comédie et ce triomphe lui permet d'entrer dans la prestigieuse maison de Molière, la Comédie-Française. Mais cette institution un peu rigide n'est pas faite pour lui, qui ne tient pas en place. Il a besoin d'espace pour réaliser toutes ses envies. Ce fils d'une scripte et d'un ingénieur du son, qui ont eu la chance de travailler sous la direction de l'immense Sacha Guitry, va réaliser tous les rêves du petit garçon qui, depuis l'âge de quatre ans, voulait monter sur les planches. Il fut *Le Roi des cons*, *Le Débutant*, *Le Joli Cœur* sur grand écran, et Scapin, George Dandin, Topaze sur les planches. Cinéma, théâtre, télévision, directeur du théâtre Montansier de Versailles, la ville où il est né, metteur en scène, écrivain, Francis Perrin brûle la chandelle de son métier par les deux bouts. Ajoutez à cela quelques épouses, six enfants, et vous aurez compris que cet homme n'a pas vu passer ses soixante-six années. Il ne fait d'ailleurs pas son âge, car il garde un regard de gamin lorsqu'il parle de ses projets. Et pourtant la vie de Francis a basculé en 2004 lorsqu'un grand médecin leur a annoncé, à son épouse Gersende et à lui, que leur fils Louis était autiste et qu'ils pouvaient « faire le deuil de leur enfant ». Sa femme et lui se battront pourtant de toutes leurs forces pour que Louis devienne un petit garçon heureux et autonome, ce qu'il est aujourd'hui à treize ans. Ils se feront même les porte-parole de tous les parents démunis devant cet autisme que l'on connaît si mal. Mais rien ne sera plus comme avant. Francis Perrin parle de son fils Louis comme d'un « cadeau-fardeau ». Et c'est vrai que cette épreuve a fait de ce farfadet sympathique un homme bien.

*
* *

– As-tu bien vécu le cap de la soixantaine ?

Avoir soixante ans ne m'a pas posé de problème, mais j'ai très mal vécu le cap des trente ans qui sonnait la fin de la jeunesse et de son insouciance. J'avais l'impression d'être un éternel adolescent, et soudain, ma jeunesse m'échappait.

– Te vois-tu vieillir, toi dont on dit que tu ne changes pas ?

C'est gentil, mais en me rasant tous les matins, je vois bien quelques changements dans la glace. Et puis les douleurs se réveillent, mais j'essaie d'entretenir mon corps, comme j'entretiens mon bonheur.

– Tu penses donc que le bonheur se cultive ?

Oui, c'est un travail au quotidien, et c'est formidable de se sentir soutenu par un entourage familial extraordinaire.

– As-tu l'impression d'avoir réussi ta vie ?

Oui, car je ne changerais aucune étape de mon parcours, s'il était à refaire. Je garderais même les erreurs et les échecs. Pour moi, l'essentiel était d'être un homme libre. Et dans mon métier comme dans ma vie privée, j'ai toujours su préserver mon indépendance.

– Comment est née ta vocation de comédien ?

Mes parents étaient techniciens dans le cinéma ; ils m'emmenaient voir les grands comédiens comme Gérard Philipe, et j'en ressortais fasciné. Mais je crois avoir eu ça dans le sang. Lorsque mon père m'a offert un grand théâtre de Guignol, à quatre ans, il paraît que j'ai dit haut et fort que je voulais faire du théâtre.

— *N'as-tu jamais douté de toi ?*

Je doute en permanence, et je crois que c'est nécessaire pour avancer dans la vie. Pourtant, j'ai toujours eu la certitude de vouloir être comédien, même si l'on ne m'a jamais beaucoup encouragé. Il y a quelque temps, j'ai voulu brûler des photos, des archives, car la soixantaine me paraissait propice pour s'alléger et se séparer de certains souvenirs. Mais ma femme m'a conseillé de les garder pour mes six enfants. En rangeant, j'ai retrouvé des critiques de professeurs disant que je n'avais pas de voix, pas de physique et que je n'étais pas drôle. Je les ai conservées car elles me rappellent à quel point ma vocation était plus forte que tout.

— *Il faut beaucoup de force pour aller à l'encontre de l'avis de ses professeurs...*

C'est une forme de persévérance, et puis cette force vient de l'assurance d'être sur le bon chemin. Quand je monte sur une scène de théâtre, je respire mieux qu'ailleurs. Devant une caméra, je me sens dans mon élément. Après avoir obtenu mes prix au Conservatoire, lorsque les journalistes m'ont demandé quelle était mon ambition, j'ai répondu que je voulais durer.

– ***Es-tu croyant ?***

Chaque matin, je remercie Dieu pour cette nouvelle journée, en faisant mon signe de croix. La religion m'aide à vivre et m'a permis de surmonter des épreuves. Mais je crois surtout avoir une nature profondément optimiste. Lorsqu'on vous donne la vie, il faut en être digne et savoir en profiter pleinement. En fait, je trouve ridicule que cela s'arrête un jour, et c'est pour cette raison que je suis persuadé de revenir, sinon ce serait totalement idiot. D'ailleurs, sur ma tombe, je ferai inscrire « je reviens dans vingt minutes ». C'est dire jusqu'où va mon optimisme.

– ***L'humour aussi peut aider à vivre, mais est-ce qu'il s'apprend ?***

On l'a en soi dès la naissance. Mon père n'avait pas beaucoup d'humour alors que ma mère était une femme très drôle. L'humour est un regard décalé sur soi, sur les autres et sur la vie. Très tôt, j'ai su transformer, ou détourner, mes souffrances par autodérision. Ma mère étant infirme, mes camarades se moquaient de la voir marcher avec une canne. Ces moqueries me faisaient beaucoup souffrir. Comme je parlais vite et butais sur certains mots, j'ai accentué mes bégaiements pour détourner les rires sur ma petite personne.

– *Tu as senti le besoin de la protéger ?*

Enfant, je trouvais injuste que l'on se moque d'une dame marchant avec une canne, qu'elle soit ma mère ou pas.

– *À plus de soixante ans, qui te protège ?*

Je n'ai pas besoin qu'on me protège. Très jeune, je me suis forgé une carapace grâce à laquelle j'arrive à zapper tout ce qui peut être négatif. J'ai appris à mon épouse, Gersende, à faire de même, car elle prenait les choses trop à cœur. Il faut savoir se protéger même si ça ne nous empêche pas d'en prendre plein la gueule. Cela permet au moins de décourager ceux qui voudraient nous faire du mal. Avec l'âge, on apprend à éliminer tout ce qui est mauvais pour soi et peut nous gâcher la vie. J'essaie d'expliquer à mes enfants que l'ombre existe mais qu'en allant systématiquement vers le soleil, on peut se rendre la vie plus belle.

– *Les Français sont pessimistes, râleurs, jamais contents. Tu ne serais donc pas français ?*

Je suis fier d'être français, et le suis autant de mes origines vietnamiennes et irlandaises. Mais je n'ai pas cette mentalité. Je ne suis pas râleur, même si je ne me laisse pas faire quand on me cherche. J'ai appris, au fil des années, à prendre du recul et à relativiser. Acquérir une certaine philosophie est un travail de chaque instant, c'est ce qu'on appelle la sagesse de la maturité.

— *Qu'est-ce que ton maître, le comédien Louis Seigner, t'a enseigné sur la vie ?*

D'abord, il était profondément bon, et pour moi la bonté n'est pas synonyme de bêtise, bien au contraire, elle est une vertu extraordinaire. Louis Seigner m'avait dit qu'être bon comédien était important, mais que l'essentiel était d'être un type bien. C'était là l'enseignement d'un maître et non pas seulement d'un professeur. Je n'ai pas d'auréole au-dessus de la tête, je ne suis pas un saint, mais j'essaie de tendre vers cet objectif. Interpréter de nombreux personnages m'a permis d'être sincère dans la vie. Et j'ai gardé en tête les valeurs qui m'ont été transmises par mes parents, à commencer par l'honnêteté et le goût du travail bien fait. Ces valeurs m'aident encore aujourd'hui, à plus de soixante ans.

Le respect et l'admiration ont toujours été des guides pour moi, ils m'ont toujours fait avancer. On s'enrichit en voulant suivre des modèles.

60 ans... Et alors ?

— *Comment fais-tu pour garder un tel enthousiasme à ton âge ?*

J'ai la chance d'avoir une femme beaucoup plus jeune que moi et d'être entouré de mes six enfants, les jumelles de vingt-sept ans, Jeanne qui a quinze ans, Louis treize ans, Clarisse dix et Baptiste neuf. Et crois-moi, ça maintient en forme ! Il faut pouvoir assurer et tenir la cadence.

Bien sûr, les plus petits savent qu'ils ont un père âgé, car ils voient la différence avec les parents de leurs camarades. Mais à la maison, leur maman et moi parlons ouvertement de notre différence d'âge et du fait que je ne pourrais sans doute pas les voir très vieux. Tout ceci se fait dans la sérénité et nous pousse à profiter encore plus les uns des autres. J'essaie de les guider, et j'aimerais qu'ils trouvent chacun une passion qui puisse remplir leur vie.

— *Tu as déjà été acteur, metteur en scène, réalisateur, écrivain, directeur de théâtre. As-tu encore des envies ?*

J'ai eu la chance de réaliser beaucoup de mes rêves. Je voulais écrire : depuis quelques années, mon éditeur me demande un livre tous les deux ou trois ans. Je souhaitais avoir un rôle récurrent pour la télévision : *Mongeville* est entré dans ma vie, et cette série fonctionne bien sur France 3. À mon âge, on me donne de beaux rôles, correspondant au physique d'un sexagénaire. Ma carrière, c'est certain, n'est pas derrière moi, mais je l'aborde plus sereinement qu'auparavant. Il y a quelques années, j'avais envie de tout faire et de travailler pour travailler. Aujourd'hui, je m'amuse encore beaucoup, mais mon métier n'est plus ma priorité. Ce n'est plus vital.

– Tu t'es beaucoup battu depuis la naissance de Louis, ton fils atteint d'autisme. Dirais-tu qu'il y a un avant et un après ?

Incontestablement. Comme je le dis souvent, nous vivons autisme, nous respirons autisme ; la blessure ne se refermera jamais. Aujourd'hui Louis est autonome, heureux, et il ne souffre plus. Nous avons atteint nos buts mais nous resterons marqués à vie. J'ai appelé cette épreuve un « cadeau-fardeau » car, malgré les difficultés, je n'ai pas peur de dire que ce combat m'a fait devenir meilleur.

– Pourquoi avoir décidé de médiatiser l'autisme de Louis ?

Très longtemps, je me suis forgé un personnage de rigolo pour qu'on ne vienne pas gratter derrière. C'était une forme de pudeur, mais j'ai fini par accepter de laisser passer mes émotions. En réalité, nous avons pris la décision de médiatiser l'autisme de Louis pour aider les autres parents. Il fallait témoigner au nom de tous ces pères et mères dont on n'écoute pas la souffrance. Ayant vécu les mêmes épreuves qu'eux, je me suis senti légitime pour en parler et essayer de faire évoluer les choses. Je sais comment on est reçu par les médecins, les moments terribles par lesquels on passe. Il faut être solide, entouré, et ce n'est pas le cas de tous les parents.

– Quels sont les progrès de Louis, grâce à la méthode ABA ?

La méthode ABA, analyse appliquée du comportement, préconise une stimulation permanente de l'enfant, sans médicament. Elle n'est malheureusement pas reconnue en France, alors qu'elle l'est quasiment dans le monde entier et permet d'obtenir des résultats formidables. Aujourd'hui, à treize ans, Louis est autonome. Au prix de gros efforts, il sait parler, marcher, manger, boire, et ces acquis sont là pour toujours. Nous avons pu visiter le Futuroscope avec lui, sans qu'il soit accompagné par des intervenants. Gersende, quant à elle, lui fait l'école à la maison ; Louis est un élève brillant. Bien sûr il reste encore des choses à travailler, mais c'est un petit garçon heureux, qui ne souffre plus de son autisme. Parfois son frère et sa sœur lui disent : « Attention, Louis, tu es un peu autiste, là ! » L'humour est important dans notre famille. Et je suis un papa comblé.

- *Si tu pouvais parler à ta mère, que lui dirais-tu ?*

Mais je lui parle ! J'aimerais tant qu'elle voie nos enfants, qu'ils puissent la connaître. C'était une femme extraordinaire, et ma fille Clarisse est son portrait craché. Nous l'évoquons en permanence, car j'ai eu la chance d'avoir une enfance heureuse et fondatrice.

- *Comment vois-tu les dix ou vingt prochaines années ?*

Je souhaiterais voir grandir mes enfants et pouvoir les aider le plus longtemps possible. J'ai conscience d'arriver dans le dernier tiers de ma vie et j'aimerais simplement qu'on me laisse un peu plus de temps. Lorsqu'on a dépassé quatre-vingts ans, tout le reste est cadeau. J'espère surtout rester en forme et garder ma tête. C'est primordial. Comme tout le monde, je crains la perte d'autonomie, même si je sais qu'on s'occupera de moi.

- *On a très peu parlé d'amour…*

Et pourtant l'amour et l'admiration ont toujours nourri ma vie. L'amour, j'y crois et je le vis intensément ; en revanche, j'ai souvent été trahi en amitié.

– *La différence d'âge avec Gersende n'a jamais été un problème ?*

Mon épouse a vingt-sept ans de moins que moi. C'est énorme, pourtant elle m'a toujours dit que cela ne lui posait aucun problème. Et mon entourage a la gentillesse de me dire que ça ne se sent pas. Avec Gersende, l'amour nous est apparu comme une évidence. Elle appréciait le comédien que j'étais mais pas l'image de séducteur que je prenais plaisir à entretenir. Il est vrai que beaucoup de femmes sont passées dans ma vie et je n'en ai aucun regret.

Un jour, avec Gersende, nous avons longuement parlé tout en écoutant du Beethoven, et nous ne nous sommes plus jamais quittés. Treize ans et trois enfants plus tard, nous sommes toujours aussi heureux. Mes parents ont été mariés pendant cinquante-trois ans – nous avons fêté leurs noces d'or – j'avais donc l'exemple d'un couple uni. Gersende était la femme que j'attendais. Comme le disait Sacha Guitry, elle fermera mes yeux et ouvrira mes tiroirs. Je sais qu'elle m'accompagnera jusqu'à la fin mais comme je suis persuadé de revenir vingt minutes après, ce n'est absolument pas triste.

*
* *

Francis Perrin

Francis Perrin... J'ai tout de suite envie de dire « Chapeau ! », à lui et son épouse Gersende. La vie ne les a pas ménagés et ils ont fait preuve d'un courage et d'un sens des responsabilités incroyables. En tant que père, je me demande évidemment comment j'aurais réagi si j'avais eu un enfant autiste. Je pense que les épreuves peuvent révéler en nous des forces que l'on ne soupçonnait pas. Mais pour moi, Gersende et Francis font partie de ces héros du quotidien dont on célèbre rarement l'abnégation et la générosité. Quand on a en face de soi un comédien, un comique, on se demande s'il joue un rôle. Avec Francis, on ne se le demande plus, on se sent juste face à « quelqu'un de bien », comme le dit la chanson. En ce qui concerne l'âge, Francis a devancé l'appel puisqu'il a pris son premier coup de vieux à trente ans, considérant que l'insouciance l'abandonnait. Moi, la première fois où j'ai pensé à mon âge, c'est lorsque Isabelle m'a proposé de faire une fête pour mes soixante ans. Avant j'étais sur une autoroute, et tout à coup, je me retrouvais sur une nationale, où l'on va moins vite et moins loin. En écoutant les autres parler de leur âge, pour ce livre, je me suis rendu compte que je n'étais pas le plus pessimiste et que j'avais de bonnes réactions. Chez Francis Perrin, j'admire aussi le courage d'avoir réussi, malgré les remarques « charmantes » de ses professeurs : « Mauvais physique » « Pas drôle »... Cela m'a rappelé la réflexion d'une femme qui travaillait à Europe n° 1, lorsque j'animais une sorte de hit-parade le samedi après-midi. Elle m'a demandé si j'étais celui qu'elle entendait depuis son bureau, et m'a dit qu'avec une voix pareille je n'avais aucune chance à la radio. Nous étions en 1976, j'avais vingt-cinq ans, et même si j'avais la passion chevillée au corps, je suis rentré chez moi pour pleurer, car on se sent fragile à ses débuts. Fort heureusement, pour Francis comme pour moi, même si nous n'étions pas sûrs de nous, nous étions sûrs de notre passion, qui nous a permis de continuer malgré les critiques des oiseaux de mauvais augure.

PATRICK POIVRE D'ARVOR

Le 10 juillet 2008, Patrick Poivre d'Arvor présente son dernier journal sur TF1. Alors qu'il avait décidé de partir en 2012, la vie et surtout ses patrons de chaîne en ont décidé autrement. Après vingt et un ans de présence, très ému, il cite Shakespeare, « Ce qui ne peut être évité, il faut l'embrasser », et termine son journal avec un au revoir breton, « À dieu vat », fidèle à ses origines. Fils d'un représentant en chaussures et d'une maman au foyer, le petit Patrick est un garçon réservé. Ses amis, il ne les trouve pas sur les bancs de l'école, mais dans les livres ; il s'identifie aux héros créés par ses auteurs préférés. À treize ans, atteint d'une forme de leucémie dont il allait heureusement guérir, il prend conscience de la fragilité de la vie en voyant disparaître autour de lui des jeunes gens de son âge atteints du même mal que lui. Bachelier à quinze ans, père à seize, auteur d'un premier roman à dix-sept, Patrick va empoigner la vie à bras-le-corps et ne jamais arrêter de courir après ses rêves. Une fois terminées ses études à l'Institut d'études politiques de Strasbourg, où il aura Jack Lang comme professeur de droit, il est lauréat du concours « Envoyé spécial » de France Inter, et commence là sa carrière de journaliste sous la direction de Roger Gicquel. Comme son premier maître, PPDA va devenir le présentateur emblématique du 20 heures, tout d'abord sur Antenne 2 puis sur TF1. Parallèlement à ce rendez-vous quotidien suivi par plusieurs millions de téléspectateurs, Patrick Poivre d'Arvor interviewe quelques présidents de la République, anime des émissions littéraires, écrit une soixantaine de livres, dont certains avec son frère Olivier. Grand sportif, il participe à la transat Québec-Saint-Malo en 1996, au marathon de New York en 2001, escalade le mont Blanc en 2005 et fait l'ascension du Kilimandjaro en 2012. Patrick a toujours voulu aller au bout de ce qu'il entreprenait. En 2014, il a réalisé sa deuxième mise en scène d'opéra. Candidat à l'Académie française en 2012, il ne sera peut-être jamais un immortel, mais s'il est aussi actif, c'est sans doute pour tenter de ne pas vieillir et pour oublier ses angoisses. Patrick se rêvait marin au long cours ou aviateur comme son grand-père. Finalement, c'est dans les livres qu'il a fait ses plus beaux voyages. Ce matin-là, Patrick me reçoit en voisin, dans cette maison où il vit entouré de milliers d'ouvrages, qui couvrent tous les murs.

Patrick Poivre d'Arvor

*
* *

— *Quel regard portes-tu sur le cap de la soixantaine ?*

Je n'ai jamais vu ma vie comme un parcours vers la vieillesse. Je pense avoir conservé ma jeunesse d'esprit et je continue à entretenir mon corps, en courant notamment. D'ailleurs tu le sais, puisque nous nous croisons régulièrement pendant nos joggings. Je ne veux surtout pas penser à quelque chose qui s'appellerait le déclin.

— *Continues-tu à fêter tes anniversaires ?*

Non, mais cela ne date pas d'hier. Chaque année, j'organisais une fête chez moi ou sur une péniche, et je prenais plaisir à réunir tous mes amis. Le jour de mes cinquante ans, j'ai arrêté, car c'était un chiffre rond. Je ne me souviens donc pas particulièrement du jour de mes soixante ans, cela correspondait juste à mes derniers mois à TF1, même si je ne le savais pas encore.

— *J'ai l'impression que tu as toujours décidé de ton destin…*

Pas complètement, car j'avais choisi de quitter la présentation du journal en 2012. Tout d'abord, parce que j'aurais fêté mes vingt-cinq ans de présence sur TF1, et mes soixante-cinq ans d'âge civil. Et ensuite parce que cela correspondait à la fin d'un quinquennat, qui est souvent synonyme de changement. La preuve, nous sommes passés de l'ère Nicolas Sarkozy à l'ère François Hollande. Mes directeurs en ont décidé autrement, d'une manière peu élégante. J'ai alors jugé qu'il était temps d'aller vers mes envies, jusque-là freinées par les habitudes et les contraintes qu'implique la présentation d'un journal quotidien. J'ai enfin accepté de mettre en scène un opéra, une expérience que l'on m'avait proposée plusieurs fois et qui me tentait vraiment. Étant libre, j'ai mis en scène *Carmen* en 2010 et *Don Giovanni* en 2014, dans le cadre des Opéras en plein air.

– ***Comment expliques-tu ta tendance boulimique à enchaîner, voire superposer, les activités ?***

C'est très étrange, car j'étais un enfant contemplatif. J'étais toujours ailleurs, dans la lune ou dans mon monde, écrivant des poèmes pendant que mes camarades faisaient du sport. Et puis à treize ans, j'ai été atteint d'une forme de leucémie, qui a sans doute été un élément fondateur dans ma vie. Voir disparaître autour de soi, à cet âge-là, des gens de sa génération, n'est pas dans l'ordre naturel des choses. Cela m'a fait prendre conscience très tôt de la fragilité de l'existence. Lorsque j'ai quitté la présentation du journal, les gens pensaient que j'allais me reposer.

Au contraire, j'ai accepté toutes les propositions, sans doute par peur du vide, et j'ai pris énormément de plaisir à réaliser un film pour la télévision, par exemple. Vivre de nouvelles aventures à soixante ans, voilà un bon moyen de ne pas vieillir ! J'ai pu mener à bien beaucoup de rêves et il m'en reste encore plein d'autres, fort heureusement.

– Tu sembles ne pas te soucier du regard des autres sur ta vie ?

Depuis toujours, je vis des choses particulières qui peuvent surprendre. Cette maladie grave à l'adolescence, le fait d'être père à seize ans, d'écrire un livre à dix-sept ans, à une époque où j'étais mal dans ma peau... Je me rendais compte que l'addition de tous ces événements hors du commun pouvait attirer sur moi des regards perplexes, voire réprobateurs.

– Tu t'es toujours senti différent ?

Enfant, je ne me sentais pas différent, mais je souffrais de ne pas avoir d'amis. Ensuite devenir père et écrire un livre m'a rendu différent des autres adolescents et j'étais alors fier de transformer mes manques en particularité. Ma singularité m'a parfois fait passer pour un insolent, vis-à-vis de mes professeurs puis des présidents de la République

que j'ai eu l'occasion d'interviewer. On ne peut pas m'accuser d'avoir fait des interviews complaisantes. C'est sûrement pour cela que trois présidents de la République m'ont qualifié d'impertinent.

– À plus de soixante ans, ressembles-tu à l'enfant que tu étais ?

C'est une bonne question car je me demande en permanence si je suis fidèle au petit garçon que j'étais ou à l'homme que je voulais devenir. Une chose est sûre, j'ai réalisé une de mes ambitions : écrire des livres. Petit, mes seuls amis étaient les héros des livres que je dévorais. Je rêvais de connaître leurs auteurs, ce que j'ai fait en présentant des émissions littéraires. Et je voulais surtout, moi aussi, faire rêver d'autres petits garçons solitaires. J'espère avoir atteint mon but. Avec mon frère, nous écrivons actuellement un livre sur les grands marins, car j'ai toujours eu envie d'en être un. Comme tu peux le voir, je vis entouré de livres, c'est ma manière d'être fidèle au petit garçon fou de lecture que j'ai été.

– À plus de soixante ans, es-tu parvenu à t'aimer ?

J'aime mon parcours car c'est celui dont je rêvais. Et j'aime l'idée qu'il n'est pas terminé et que j'ai encore des choses à dire et à montrer. En revanche, je n'ai jamais réussi à m'aimer.

— Qui est arrivé à te consoler de ce non-amour ?

Les livres, bien sûr. Et puis l'amour, tout court, qui a été primordial dans ma vie.

— En cherchant l'amour des femmes, tu cherches à être rassuré ?

Je veux juste être aimé, car je suis persuadé que séduire est le meilleur moyen de ne pas mourir. Les livres et les enfants restent après toi, quoi qu'il advienne.

— L'écriture est-elle un moyen de guérir ?

Chaque événement heureux, ou le plus souvent malheureux, a déclenché chez moi le besoin d'écrire un livre. J'ai écrit pendant la maladie de ma fille Solène, et très vite après qu'elle nous a quittés. J'ai écrit un livre dans la semaine qui a suivi la mort de ma mère. Écrire sur des choses douloureuses me permet d'installer une distance entre ma souffrance et moi. Coucher mes douleurs sur le papier m'apaise et crée une forme de sérénité qui m'a été très utile, même si le chagrin reste présent.

– Tout à l'heure tu m'as dit en riant que tu en avais encore sous le pied, comme s'il était hors de question qu'on te mette de côté...

Je ne sais pas qui serait capable de me ranger. La vie, ou le Créateur, peut-être, mais en tout cas jamais le regard des autres ne me fera dévier de ma route. Quand j'ai sorti mon premier livre alors que je présentais le journal sur Antenne 2, les critiques ont fusé car, à cette époque-là, il semblait impossible qu'un journaliste écrive un roman d'amour. Et quand je me suis lancé dans la mise en scène d'opéra, les jugements étaient à peu près les mêmes, mais cela ne m'a pas fait changer d'avis. J'écoute ou je lis ce qu'on dit sur moi, je peux prendre en compte certaines critiques qui me semblent justifiées, mais rien ne peut me détourner de mon chemin.

– Tu as emprunté une partie de ton nom, d'Arvor, à ton grand-père. Tu étais très attaché à tes deux grands-pères : que gardes-tu d'eux ?

Mes grands-pères avaient de vrais rêves de gloire, pas de gloriole, comme on peut en avoir à la télévision. Mon grand-père maternel, Jean d'Arvor, a énormément compté pour moi, car j'ai eu la chance de vivre près de lui pendant les premières années de ma vie. À force de volonté, ce petit paysan auvergnat, orphelin, a construit sa vie comme il le souhaitait, malgré les difficultés. Et même si cela a été bien plus difficile pour lui que pour moi, je suis fier d'avoir suivi ses traces en bâtissant ma vie à mon image. Je lui ai d'ailleurs rendu hommage en empruntant une partie de son nom.

Mon grand-père paternel, lui, était aviateur pendant la Première Guerre mondiale. Ami de Guynemer, il portait un long foulard qui flottait au vent et le faisait ressembler à une star de cinéma. Je l'ai bien connu sur la fin de sa vie, et lui aussi fut un modèle pour moi.

— Les valeurs inculquées par tes parents et grands-parents sont-elles encore présentes dans ta vie ?

Ma mère pouvait paraître un peu hautaine car elle était très exigeante envers nous mais également envers elle-même. Elle n'avait pas une grande confiance en l'humanité, contrairement à mon père, un homme d'une honnêteté scrupuleuse, et d'une immense bienveillance. Je les remercie tous les jours de m'avoir donné l'exemple de gens bien, et de m'avoir transmis des valeurs que j'essaie de transmettre à mon tour à mes enfants.

— Penses-tu avoir été un bon père ?

Non, car à cause de mon métier trop prenant, qui nous fait souvent croire que nous sommes indispensables, je n'ai pas été assez présent auprès de mes enfants. Je rentrais à l'heure où ils étaient déjà couchés mais ils ont l'indulgence de me dire qu'ils n'en ont pas souffert et n'ont rien à me reprocher.

– *Tu as perdu trois enfants, ces drames finissent-ils par déstabiliser ?*

Cela interroge énormément sur l'existence d'un Dieu. La perte d'un enfant mort-né, d'une toute petite fille, et enfin de Solène sont de violentes injustices. C'est la pire des épreuves, et j'aurais très bien pu sombrer. À partir du moment où j'ai choisi de continuer à vivre, cela m'a rendu plus fort.

– *Comment envisages-tu ta propre mort ?*

Je ne me pose jamais cette question en ces termes. Je sais que je ne suis pas éternel, et je vois bien les petits signes de l'âge. Ce qui doit être douloureux, pour nous qui avons besoin de courir tous les matins, c'est d'en être empêchés par un pépin physique. Ou plus douloureux encore, de perdre un sens majeur comme la vue. Je vivrai comme des petites morts tout ce qui pourra me diminuer physiquement. Mais comme je n'ai pas eu d'alerte violente, je ne me sens pas vieillir pour l'instant.

Patrick Poivre d'Arvor

— *Tu n'es pas du genre à rendre visite à ton médecin chaque semaine ?*

Non. Contrairement à beaucoup de nos camarades de la télévision, je n'avais même pas de médecin référent. Quand il m'arrive un pépin, j'ai tendance à le régler par moi-même en espérant que ça va passer.

— *Tu as donc une énorme confiance en toi ?*

Je dirais plutôt que j'ai confiance en mon étoile. Et puis quoi qu'il arrive, je veux continuer à avancer.

— *Crois-tu en Dieu ?*

J'envie ceux qui trouvent une consolation dans la religion. Le peu de foi que j'avais à l'adolescence a disparu avec les épreuves de la vie, même si j'évoque parfois un « Créateur ». J'aimerais croire et je suis même à l'affût de preuves de l'existence de Dieu, comme tout bon journaliste, mais je reste encore très sceptique.

— *Certains événements politiques, sociétaux, ont-ils changé ta vie ?*

J'ai appris aux Français des événements planétaires comme les attentats du 11 septembre, et nous les avons vécus ensemble. Un journaliste se retrouve souvent à côté de personnalités alors qu'elles sont en train de vivre des moments de bonheur ou de malheur intenses. On se frotte au malheur lors de l'effondrement d'une tour ou d'une tribune dans un stade de foot ; on se frotte au bonheur lors d'une élection présidentielle. Notre rôle est de rester dignes dans notre manière de restituer cela aux téléspectateurs. J'ai souvent eu l'impression d'être pris dans le chaos de la vie, mais cela n'a jamais interféré sur mon existence propre.

– *Crois-tu qu'on vit mieux dans notre monde actuel ?*

On a tendance à se dire, surtout après soixante ans, que c'était mieux avant. Et pourtant, nos parents, nos grands-parents ont vécu des choses affreuses, notamment la guerre, l'Occupation, les dénonciations, les camps, des horreurs de toute nature. Nous devrions penser aux dix millions de morts dans toute l'Europe pendant la Première Guerre mondiale lorsque nous avons envie de nous plaindre de nos conditions de vie actuelles. Bien sûr, il y a le chômage, les difficultés de toute part, mais beaucoup de sexagénaires d'aujourd'hui ont vécu dans des appartements sans douche et sans eau courante. Les Français sont champions du monde du malheur et c'est dommage. On devrait apprendre aux enfants dans les écoles à se rendre compte qu'ils sont plus heureux qu'ils ne le croient.

— Malgré ta vie tourmentée, penses-tu être doué pour le bonheur ?

De la même manière qu'il faut savoir accepter le malheur, on doit reconnaître le bonheur lorsqu'il est là. Jacques Prévert disait très joliment : « J'ai reconnu le bonheur au bruit qu'il faisait en partant. » Il faut savoir profiter d'un beau coucher de soleil, car c'est un joli moment qu'on ne doit pas laisser passer. Et même si c'est très difficile, il faut essayer de transformer le malheur en une série de beaux enseignements.

— Prends-tu le temps de reconnaître le bonheur ?

J'ai un rythme de vie effréné mais il m'arrive de m'arrêter et de me dire que je dois me souvenir de cette seconde précise où je suis heureux. Dans une heure ou deux, cet état de bonheur peut s'être transformé, donc il faut savoir se poser et savourer l'instant présent. Nous connaissons tous des gens handicapés, ou gravement malades, qui savent apprécier les belles choses malgré tout, alors essayons de faire comme eux.

60 ans... Et alors ?

— **As-tu conscience que ta vie pourrait être un roman ?**

C'est le Créateur qui est le principal rédacteur de notre vie, mais nous avons la liberté, même relative, de faire des choix. Je ne me suis jamais refusé cette liberté-là.

— **C'est ta manière de rester jeune ?**

Si notre volonté parvient à s'opposer au temps qui passe, il aura plus de mal à creuser son sillon, et l'âge aura moins de prise sur nous.

*
* *

Patrick Poivre d'Arvor... Pour moi, avant d'être un journaliste, un écrivain, PPDA est mon voisin. Lorsqu'en famille nous regardions le journal de 20 heures sur TF1, nous regardions notre voisin nous raconter le monde. Et même si je le connais depuis longtemps, il me semble être un OVNI. Il aime tellement les livres, dans lesquels il se réfugiait quand il était petit, qu'il a voulu devenir le héros de sa propre vie. D'ailleurs, il a besoin d'écrire après chacun des événements marquants de son existence, qu'ils soient heureux ou malheureux. Et maintenant que j'y pense, je me rends compte que j'ai écrit un premier livre au moment où mon père a disparu, et que celui-ci arrive quelques mois après la mort de ma mère. Inconsciemment, l'écriture est peut-être une manière d'apaiser ses chagrins.

Ce que j'admire en Patrick, c'est qu'il a vécu exactement comme il le souhaitait, en faisant peu de cas du regard des autres, et cela dès sa jeunesse. C'est un homme particulier qui assume ses particularités. Il me semble aussi être le symbole de l'incroyable fragilité de nos métiers. Il a appris en juin 2008, par un texto, qu'il ne présenterait plus la grand-messe du 20 heures à la rentrée. Après vingt et un ans de fidélité ! Quelle que soit notre position, à la télé comme dans beaucoup d'autres domaines, du jour au lendemain tout peut s'arrêter, et il est bon de s'en souvenir régulièrement.

Contrairement à lui, je ne me réfugie pas dans les livres mais dans la nature, la marche, et mes héros sont plutôt des héros du quotidien. Je me souviens encore d'hommes qui m'ont guidé dans la vie, comme monsieur Demay, ce professeur de français qui nous a fait comprendre que les livres se partageaient, en nous en faisant lire des extraits à haute voix. Je n'oublierai jamais non plus Roger Kreicher, directeur des programmes de RTL, l'un des premiers professionnels à m'avoir fait confiance.

GUY SAVOY

Guy Savoy, chef trois étoiles, est l'un des meilleurs ambassadeurs de la gastronomie française dans le monde. Ce fils de jardinier a grandi dans la buvette puis dans le restaurant créé par sa mère, près de Lyon, capitale de la bonne cuisine. Il a gardé de son enfance le goût des bons produits et, de ses parents, le sens du travail bien fait. Il entre en apprentissage à quinze ans chez Louis Marchand, le maître chocolatier de la ville où il a grandi, Bourgoin-Jallieu, dans l'Isère. Il se liera d'amitié avec Bernard Loiseau lors de ses trois années passées chez les frères Troisgros à Roanne. Depuis, il ne cesse de mettre en valeur les fruits, légumes, fruits de mer, viandes, que ses fournisseurs lui apportent des quatre coins de la France, chaque matin. En obtenant sa première étoile à vingt-huit ans, il a prouvé que la cuisine est question de passion. Cette passion a permis au petit garçon de Bourgoin-Jallieu d'ouvrir plusieurs restaurants dans

Paris, mais aussi des établissements à Las Vegas et Singapour. À la recherche de l'excellence et de la simplicité, ce passionné de rugby qui se définit lui-même comme un capitaine entraîneur est fier de voir chaque jour le sourire sur le visage de ses collaborateurs et de ses clients. Ce bonheur de partager sa passion et de donner aux autres, Guy Savoy y tient plus que tout. Il arrive à vélo dans son restaurant trois étoiles, où nous avons rendez-vous très tôt, à l'heure où les produits sont livrés, attendant d'être sublimés par ce jeune homme toujours aussi enthousiaste à soixante et un ans.

*
* *

— *Quel souvenir gardes-tu du 24 juillet 2013, jour de tes soixante ans ?*

Comme j'ai tendance à tout vouloir maîtriser, je n'ai pas souhaité que l'on organise une fête gigantesque. Je ne supporte pas que les choses me soient imposées. J'ai passé cette soirée entouré de quelques proches, dans une cabane de pêcheurs, sans ressentir d'émotion particulière à entrer dans une nouvelle décennie. J'étais juste heureux de me trouver en compagnie de copains qui m'avaient fait la surprise d'inviter Joël Favreau, le guitariste de Georges Brassens. Tout s'est déroulé dans une ambiance bon enfant. Mais le lendemain, j'étais déjà passé à autre chose. Je suis un boulimique d'activités, plutôt tourné vers l'avenir.

— Justement, ce n'est pas normal de vouloir faire autant de choses. En voyant ton parcours, je me demande pourquoi tu as fait tout ça. Pour moi, à ta première étoile, tu avais déjà réussi... Pourquoi tu ne ralentis pas ?

Tu ne peux pas me dire ça. La vie, c'est trop précieux ! Tant que j'aurai mes capacités physiques à 120 %, je dis bien à 120 %, j'aurai envie d'entreprendre des choses nouvelles, d'être entouré d'une bande de jeunes, d'être dans le mouvement ! Je kiffe tellement ce métier ! Je suis là tous les matins à 9 heures, quelle que soit l'heure à laquelle je me suis couché la veille. Si je me contentais de venir à 11 h 30, j'aurais l'impression de ne plus rien maîtriser. J'ai besoin de croiser Abou, Michel en cuisine, j'ai toujours joué collectif, comme dans le rugby que j'aime tant.

— En cuisine, tu te considères comme un président de club ?

Plutôt comme un capitaine entraîneur. J'ai besoin de tout voir, dès la livraison des produits. Le matin, en un coup d'œil, je capte tout. Ce matin, en te faisant visiter les cuisines, j'ai déjà vu la fraîcheur des rougets et les asperges qui venaient d'arriver. Et surtout, j'ai croisé les sourires de mes collaborateurs. Si j'en vois un qui fait la gueule, il sait que je vais lui demander s'il a un deuil dans sa famille. Je ne supporte pas qu'on tire la tronche dans nos métiers de passion. Le plus important, pour moi, c'est de sentir cette maison en mouvement, et de faire perdurer l'esprit que j'ai voulu lui donner.

– Je me trompe peut-être, mais j'ai l'impression que pendant longtemps tu as été un fils à maman. Tu as appris beaucoup de ta mère ?

C'est un peu naïf, ce que je vais te dire, mais c'est la vie qui m'a appris tout ça. J'ai eu la chance d'avoir une mère et un père aimants, même s'ils appartenaient à une génération qui ne montrait guère ses sentiments. La transmission, elle est venue par leurs actes. En passant beaucoup de temps dans sa cuisine, ma mère m'a rendu gourmand, sans que je m'en rende compte. Je croyais que c'était normal, d'être un bon vivant. La vie m'a appris que tout le monde ne l'était pas.

– À quel moment est née ta vocation ?

À l'adolescence, je me suis totalement désintéressé de tout ce qui était abstrait. J'ai quitté le lycée en fin de seconde, car ça ne correspondait plus à mes aspirations. Je savais lire, écrire, compter, c'était largement suffisant pour me débrouiller dans l'existence. J'enviais le plombier qui, après plusieurs heures de travail, voit l'eau couler du robinet. En travaillant dans le concret, on ressent une fierté particulière. Aujourd'hui, on formate les jeunes pour qu'ils aient le bac, sans respecter leurs envies, leurs personnalités, leurs différences. Le rugby m'a appris que c'est avec des gens très différents que l'on forme une équipe homogène.

— Ces débuts dans l'univers de la cuisine, tu les as partagés avec Bernard Loiseau. Son suicide, sans doute causé par une trop forte pression dans son métier, a dû être un séisme pour toi ?

Je ne m'en suis jamais vraiment remis. Je le vis toujours aussi mal. Je ne suis pas médecin, mais je sais qu'il existe une maladie qui pousse à faire ce geste, et que cette maladie s'appelle la dépression. J'aurai toujours le regret de n'avoir pas su déceler cette maladie, qui est indécelable, paraît-il. Nous avions dîné ensemble quelques semaines avant sa disparition. Il était perturbé par des détails de décoration dans son restaurant, mais tout, dans son discours, le projetait vers l'avenir. Son moteur était l'excellence, l'envie de faire mieux, encore et encore… Je reste traumatisé par le départ de Bernard, comme je ressens un traumatisme lorsqu'un collègue rend une étoile. Je suis triste qu'ils aient oublié l'état d'esprit dans lequel ils étaient lorsqu'ils ont commencé ce métier.

– *Après tant d'années, ton obsession pour l'excellence est toujours aussi forte ?*

Ce n'est pas une obsession, encore moins une névrose, c'est une envie permanente de se perfectionner, de connaître des sensations nouvelles. Nous avons la chance, dans notre métier, de pouvoir sublimer des produits comestibles, pour les transformer en objets de plaisir. Tu ne peux pas savoir à quel point c'est valorisant. En quarante ans, je n'ai jamais présenté une assiette à un client sans être conscient de cette émotion que nous avons la chance de transmettre.

– *Je ne peux pas croire qu'à soixante ans, ton enthousiasme soit aussi fort que lorsque tu étais apprenti chez Louis Marchand, ton maître chocolatier ?*

Pas aussi fort… Encore plus ! Mes potes vivaient leur adolescence de manière insouciante, allant à l'école, au bal le samedi soir, pendant que je travaillais toute la nuit pour que les gâteaux soient prêts le dimanche matin, à la sortie de la messe. À seize ans, les profs ont tenté de me dissuader de quitter le lycée pour me lancer dans l'apprentissage de la cuisine. Si je n'avais pas fait preuve d'esprit de rébellion, j'aurais craqué et je serais resté dans le rang, à m'ennuyer sur les bancs de la faculté pour avoir une vie formatée. Mais inconsciemment, je savais que je faisais le bon choix.

À mon époque, pour avoir accès à l'apprentissage, qui marque un vrai départ dans la vie, nous devions rencontrer un psychologue. Je n'oublierai jamais cette femme qui, après m'avoir fait passer une série de tests, a déclaré que je n'étais pas fait pour un métier manuel et encore moins dans le domaine de l'alimentation. Je m'entends encore lui répondre, avec l'aplomb de mes quinze ans : « Ce n'est pas en me demandant de remuer des cubes pendant dix minutes que vous allez me faire abandonner une idée que j'ai dans la tête depuis des années ! »

Si j'avais eu des doutes sur ma vocation, j'aurais pu tout abandonner, avec un diagnostic pareil ! Mais au contraire, cela a renforcé ma conviction. Je travaillais dans la pâtisserie qui se trouvait sur la place de l'église de Bourgoin-Jallieu. En ce temps-là, la vie était faite de repères. On allait à la messe avant d'acheter le gâteau du dimanche, puis, à 15 heures, tout le monde allait assister au match de rugby. Un jour, le bon Louis Marchand, mon maître, m'a demandé d'aller chercher un kilo de citrons chez l'épicier qui se trouvait à quelques mètres. J'ai pris la peine de me changer, car je ne voulais pas qu'on me voie en tenue de pâtissier :

le regard méprisant des gens me gênait. Quoi qu'il en soit, les profs et la psy avaient tellement tenté de me faire changer d'avis que j'ai fait de ma réussite un combat personnel. J'avais envie de montrer à tous que j'avais eu raison, mais sans esprit de revanche. Il n'empêche que ces méthodes sont dangereuses, car elles peuvent faire des ravages auprès de jeunes qui ne sont pas assez forts pour résister à la pression des adultes.

— Nous avons grandi dans les années 1950, nous sommes en 2013, est-ce que tu sens la vie très différente ? Lorsque tu repenses à ta jeunesse, près de l'épicerie de Bourgoin-Jallieu, la regardes-tu comme un film en noir et blanc, ou as-tu l'impression que c'était hier ?

Quand je retourne là-bas, j'ai l'impression que l'essentiel existe encore. Les collines, les petits bistrots, le sourire de la patronne, l'assiette de charcuterie n'ont pas changé. Lorsque je passe mes vacances d'été à Sète, je retrouve une authenticité et une atmosphère proches de ce que je vivais dans les années 1960. Et si tu te promènes dans l'Aubrac, les paysages sont toujours aussi sublimes, les villages n'ont pas bougé. J'aime cette image de la France éternelle.

— Toi qui as voyagé à Singapour, à Las Vegas, tu ne trouves pas les rapports humains plus superficiels aujourd'hui ?

Bien sûr, Singapour et Las Vegas sont des endroits totalement fous, mais lorsque je me promène tout seul dans le Red Rock Canyon, à dix miles de Vegas, je me prends encore pour John Wayne.

— Tu me parles uniquement de décors, de choses immuables. Mais les rapports entre les gens ne sont plus les mêmes, non ?

À la montagne, quand on se croise sur un sentier fréquenté, on se dit encore bonjour. Évidemment, les choses ont évolué, pourtant je me sens bien dans mon époque. Je suis content de pouvoir aller à Lyon en une heure cinquante, de pouvoir rouler avec des vélos plus légers et plus confortables qu'avant. Je me sens à l'aise dans la vie d'aujourd'hui.

— Tu aimes cette société, mais est-ce que tu es parvenu à t'aimer, toi ?

Je m'aimerais encore plus avec quinze kilos de moins, sauf que je me dis que ces kilos sont le résultat de moments de plaisir. Je ne supporterais pas d'avoir accumulé des kilos en me gavant de hamburgers. Les miens sont faits de côtes de bœuf, de puligny-montrachet. Ça m'agace parce que je dois relâcher mes pantalons, mais je ne les regrette pas, puisqu'ils m'ont apporté du bonheur. Et puis j'ai une faculté incroyable à balayer ce qui me contrarie. Même s'il m'arrive de penser que j'ai dépassé les soixante ans, et que ça ne me fait pas forcément plaisir…

– *Ah ! Quand même !*

Les souffrances occasionnées par une crise de goutte m'aident à me souvenir de mon âge. Mais dès que les médicaments font leur effet, je l'oublie, ma crise. Et puis la goutte, c'est une maladie de bon vivant, ça fait souffrir mais ça fait sourire. Évidemment, le jour où je serai atteint d'une pathologie lourde, à douleur égale, mon état d'esprit ne sera pas le même.

– *Justement, on est maintenant à un âge où tout peut arriver, même le pire, tu as peur de… ?*

De la mort ? Je n'en ai pas peur, elle me pétrifie ! J'écoute parfois la chanson de Georges Brassens, *Supplique pour être enterré sur la plage de Sète*. Les paroles m'apaisent un moment, « Vous envierez un peu l'éternel estivant / Qui fait du pédalo sur la vague en rêvant / Qui passe sa mort en vacances », mais je ne peux pas m'empêcher d'avoir peur de perdre la vie. La mort, je l'ai côtoyée en accompagnant mon épouse dans la maladie. Elle était atteinte d'un cancer, et son pronostic vital était de six mois. Elle a vécu des choses horribles mais elle s'en est sortie. En plus, tu te rends compte, j'ai la chance, à mon âge, d'avoir encore mes deux parents, même si mon père nous a fait très peur il y a quelques mois. C'est affreux d'aller voir quelqu'un que l'on aime en se disant que c'est peut-être la dernière fois. Mais je suis conscient d'avoir été gâté par la vie. À soixante et un ans, j'ai encore mes parents, mes enfants, et des petits-enfants, en parfaite santé. Je n'ai pas vécu de drame atroce, alors je ne peux que dire merci à la vie !

– À soixante ans, on a plus conscience de l'existence de la mort qu'avant, non ?

Bien sûr. C'est quand tu perds tes proches qu'elle prend tout son sens, qu'elle devient palpable. Je n'ai pas honte de te dire que lorsque je quittais mon épouse, le soir, en partant de la Pitié-Salpêtrière, dans ma voiture, je chialais. En arrivant au restaurant, je me passais la tête sous l'eau froide, et je me mettais en tenue, comme un bon petit soldat. J'avais interdit à quiconque de me demander des nouvelles. Je sentais que c'était ma survie. Surtout ne pas en parler. Fort heureusement, la passion pour mon métier est tellement forte qu'une fois encore, elle a été ma bouée de sauvetage. Je faisais tout pour ne pas patauger dans le drame. Mais un soir un client, médecin généraliste, m'a fait venir à sa table car il avait remarqué ma démarche inhabituelle, une certaine lourdeur dans mes mouvements. Il a senti que je faisais des efforts mais que j'avais des problèmes. Je me suis promis d'essayer de paraître encore plus léger.

– *C'est une forme de protection ?*

Oui, certainement. Une forme de politesse, aussi. On doit trouver le courage d'assumer les situations mais quand on se noie, il faut sortir la tête hors de l'eau.

– *À soixante et un ans, as-tu encore des envies ?*

Oui, j'ai envie de continuer, tout simplement. Tant que j'aurai la santé et que je me sentirai compris par mon équipe, je continuerai. S'ils n'adhèrent plus à mon discours, à mon état d'esprit, alors ça voudra dire que je suis un vieux con, et je prendrai du recul. J'irai marcher dans mes alpages.

– *Tu es un grand marcheur. Cette activité est-elle devenue un besoin ?*

Un besoin mais surtout un plaisir. Je veux bien faire du sport, par contre il faut que ce soit ludique. Je ne peux pas passer des heures sur des machines de torture dans une salle de musculation. Chaque année, avec quelques proches, nous partons en randonnée. Nous avons fait l'Alsace, la Toscane, l'Aubrac. J'avais commencé à faire le chemin de Compostelle, mais lorsque des pèlerins m'ont expliqué que l'étape suivante était assez barbante, j'ai arrêté. Je n'ai jamais pu dissocier le plaisir de toutes mes activités. Chaque matin, depuis douze ans, je fais du kung-fu avec un coach. Et tu ne peux pas imaginer à quel point on se marre ! Si je fais des randonnées en montagne, il faut que le temps soit clair pour qu'on puisse profiter du lever de soleil. Et si je suis seul, j'appelle immédiatement un ami pour lui faire partager ce moment sublime.

– Tu pourrais profiter encore plus de ces moments sublimes en prenant ta retraite...

Mais pourquoi veux-tu que j'arrête tout ça ? J'ai la chance d'être en prise directe avec les artisans de la terre et de la mer. Je rencontre des types géniaux, des vignerons, des pêcheurs. C'est une formidable façon de rester dans la vraie vie, non ? Et puis je transforme leurs produits fabuleux pour rendre heureux mes clients. Ça peut paraître prétentieux de dire ça, mais tu peux me comprendre. Toi aussi, tu rends les gens heureux en animant des émissions qu'ils aiment. Lorsqu'on apporte du bonheur aux autres, on peut se dire qu'on fait partie des privilégiés de cette planète. Je suis peut-être ringard, mais je ne veux pas te faire la complainte de ceux qui travaillent trop. À soixante ans, beaucoup te diront qu'ils s'approchent de l'âge de la retraite, moi j'ai envie de penser que je m'en éloigne. J'ai des projets plein la tête pour transformer mon restaurant actuel, pour créer d'autres lieux.

— As-tu toujours eu cet état d'esprit ou t'est-il venu avec les années ? Est-ce que tu as l'impression de vivre dans l'urgence ?

Refuser de prendre sa retraite, lorsqu'on a la chance de pouvoir choisir, c'est un pied de nez au système. Bien sûr, j'appartiens à un système économique, mais je ne me suis jamais laissé duper. Ni par les profs, ni par les curés, ni, plus tard, par les institutions. J'ai préféré me protéger de la maladie en prenant des assurances plutôt que de cotiser pour ma retraite. Tant que je serai en forme, je bosserai, ici ou ailleurs…

— Tes parents t'ont transmis de belles valeurs. Qu'as-tu envie de transmettre à ton tour ?

Transmettre ce qu'on m'a appris me semble la moindre des choses. Mais j'ai aussi énormément à apprendre de la nouvelle génération. Je les écoute beaucoup et je ne me vois pas arriver le matin à 11 heures, en jetant les clés de ma Mercedes au voiturier. J'essaie d'aider au maximum les gens de mon équipe qui ont envie de prendre leur envol. Avec ceux qui sont là depuis vingt ans, nous faisons tout pour ne pas devenir des dinosaures, pour ne pas nous endormir sur nos succès. Grâce à cela, la maison n'a jamais été aussi dynamique.

– *Tu disais tout à l'heure que tu interdisais aux membres de ton équipe de faire la gueule, mais est-ce qu'il n'y a pas une part de comédie, pour toi comme pour eux ?*

Nous avons un rôle à tenir. Nous ne pouvons pas faire la tronche alors que nous vivons, au quotidien, la magie de sublimer des produits. Il faut laisser ses problèmes au vestiaire, et prendre la vie à bras-le-corps. C'est la règle d'or dans nos métiers. Sourire et positiver en permanence. Et si la passion est réelle et qu'on ne s'est pas trompé de chemin, ce n'est pas un effort, c'est une évidence. C'est ça aussi que j'ai envie de transmettre.

*
* *

Guy Savoy, je me suis reconnu dans son passé plus que dans son avenir. C'est un vrai entrepreneur, qui a envie de continuer à tout faire pour que son nom rayonne à travers le monde. Il n'imagine

60 ans... Et alors ?

pas sa vie sans ses restaurants, contrairement à moi qui peux envisager faire autre chose des années qui me restent. Il garde l'envie de réinventer la cuisine, je ne suis pas sûr d'avoir envie de réinventer la télé. Je conçois fortement l'idée de mettre mon nez ailleurs, de tenter d'autres aventures, de rencontrer d'autres gens dans d'autres univers. Mais comme lui, je suis parti de rien, avec pour seul bagage une passion précoce. À treize ou quatorze ans, il n'avait qu'une idée en tête, réussir dans la cuisine. Au même âge, avec un magnétophone et un Teppaz, j'ai créé ma propre radio dans la cave. J'en étais le seul animateur et le seul auditeur. Nous avons eu la chance de trouver très jeune notre voie. Guy Savoy a dû se battre pour réussir, car dans les années 1960, devenir cuisinier était beaucoup moins « chic » qu'aujourd'hui. Moi, quand j'ai annoncé mon envie de devenir animateur, tout le monde m'a pris pour un fou, car ce métier non plus n'était pas « tendance ». À l'école mes camarades voulaient être comptables, médecins, ingénieurs, pour les plus doués. J'ai retrouvé en Guy Savoy, lors de ses années d'apprentissage, la même détermination qui m'a fait frapper à la porte de Maurice Favières, l'animateur que j'écoutais tous les matins. Je me suis reconnu également lorsqu'il explique son besoin d'être tous les matins à 9 heures dans ses cuisines, pour vérifier les produits, donner ses ordres, chercher de nouvelles idées avec ses collaborateurs. Je garde, moi aussi, de mes parents, marchands de quatre-saisons, le besoin de me lever tôt, pour me sentir actif. Nous partageons le goût du travail, et je pense, comme Guy, qu'être un chef d'entreprise, c'est arriver avant ses équipes et partir après elles.

MARC VEYRAT

Lorsqu'on pense à Marc Veyrat, on voit immédiatement son chapeau qu'il ne quitte jamais, que ce soit dans ses restaurants ou sur les plateaux de télévision. Ce chapeau est un hommage à son grand-père, un sacré personnage, berger de profession, mais rebelle de caractère. Parce que cet aïeul est fâché avec l'école religieuse du village, le petit Marc doit parcourir six kilomètres à pied chaque matin pour se rendre à l'école laïque. Sa récompense, à la fin de la journée, c'est quand son grand-père vient le chercher, avec des fruits frais ou des herbes accrochés à son chapeau. Soixante ans plus tard, Marc Veyrat garde un souvenir ému de ses grands-parents et parents, qui lui ont transmis l'essentiel : l'amour du terroir et des bons produits, qui a fait sa réputation dans le monde entier. En 2003, il devient le premier grand chef cuisinier de l'histoire de la gastronomie à obtenir la note de 20 sur 20 dans le *Gault et Millau*. Mais à l'aube de ses soixante ans, tout auréolé de cette note maximale qu'il a obtenue par deux fois et du succès de ses deux restaurants trois étoiles, il a un terrible accident de ski... Un cruel rappel à l'ordre qui lui fait prendre conscience que ses priorités sont ailleurs. Un pied dans la tradition et l'autre dans le modernisme, Marc Veyrat a trouvé l'équilibre en cessant de courir après les récompenses. Avec La Maison des Bois, il a recréé la ferme de son enfance et redécouvre le plaisir de manger les œufs de ses poules et le fromage de ses chèvres. Un retour aux sources pour ce sexagénaire qui n'a jamais oublié les parfums de son enfance.

*
* *

— *Avez-vous fêté vos soixante ans ?*

Je les ai fêtés par obligation, car je sortais d'un terrible accident de ski en 2006. Toute ma famille avait organisé une grande fête, qui avait une saveur particulière, celle de ma renaissance. Mais en règle générale, je déteste les anniversaires, les fêtes obligatoires. Je préfère ce qui est spontané. Et puis avoir soixante ans ne sonne pas la fin. Pour moi, cette date correspondait à une envie de renouveau. Aujourd'hui, j'ai soixante-quatre ans, j'ai remis le couvert et c'est une chance inouïe, même si tout le monde m'a traité de fou. Je ne suis pas à plaindre, j'ai des émissions de télévision, mes food-trucks, tout va bien pour moi, mais j'ai ressenti le besoin de réinvestir l'ensemble de mes économies dans un nouvel établissement. Mon tempérament me poussera à créer de nouvelles choses jusqu'à la mort.

— *On vous a souvent considéré comme un rebelle ; cette réputation vous a-t-elle permis de rester jeune ?*

Lorsque mon père m'a envoyé à l'école hôtelière, je me suis retrouvé enfermé dans un carcan qui ne me convenait pas. On voulait me faire suivre un sillon et je suis devenu révolté. Au bout d'un trimestre, on m'a montré la porte de sortie, et j'ai gardé un document exceptionnel : une lettre dans laquelle le proviseur conseillait à mes parents de me faire suivre une autre orientation car je n'étais pas fait pour la cuisine. Mon père m'a mis dehors en me disant que j'étais la honte de la famille. Ce sont des choses qui marquent, mais j'ai vite compris qu'il voulait me provoquer pour me forcer à réussir, car il m'aimait plus que tout au monde.

Donc rebelle sans doute, même si – et cela peut paraître paradoxal – je demeure très conservateur pour tout ce qui concerne les produits, la tradition. En même temps, je tiens de plus en plus à apporter une pointe de modernisme. C'est ma façon à moi de rester jeune. Ce mélange entre mon côté rebelle et mon côté raisonnable me permet de rester en équilibre. Je suis devenu un rebelle réfléchi. La soixantaine vous aide à dire les choses de façon plus diplomatique, à avoir une approche différente. Au lieu de critiquer les grands groupes industriels, je préfère mettre en valeur les producteurs qui font bien leur travail. C'est la sagesse du sexagénaire qui m'apprend à mieux faire passer mes messages.

– ***Comment vous sentez-vous, maintenant que vous êtes sexagénaire ?***

Je reviens de tellement loin que je savoure aujourd'hui chaque minute. À l'aube de mes soixante ans, mon accident m'a obligé à me remettre totalement en question. J'étais à la tête de deux restaurants trois étoiles au Michelin, notés 20 sur 20 chez Gault et Millau. Nous étions les seuls au monde dans cette situation. J'étais au firmament, avec une équipe fabuleuse de cent collaborateurs. Pourtant, la souffrance physique et morale m'a contraint à cesser toutes mes activités et à lâcher mon équipe, qui avait tout partagé avec moi. Être obligé de leur annoncer que j'arrêtais fut terrible et m'a conduit à une grave dépression.

– ***Qu'est-ce qui vous a sauvé, à ce moment-là ?***

Tout d'abord les médecins qui ont calmé mes douleurs. C'est grâce à des professeurs, des chirurgiens formidables, que j'ai pu remonter à la surface. Et puis je dois également ma résurrection à ma capacité de me remettre en cause perpétuellement. Moi qui avais eu la tête dans le guidon jusqu'à mes soixante ans, j'ai pris le temps de me poser et de réfléchir. Je me suis demandé à quoi j'avais servi et ce que j'avais envie de laisser après moi. Pour acquérir des étoiles, il faut ne jamais se satisfaire de rien, et vouloir toujours mieux faire. Après mon accident, j'ai cessé la course aux étoiles, et j'ai changé d'ambition. Étant père et grand-père, ayant la chance de faire le plus beau métier du monde, j'ai pris la décision d'améliorer la nourriture de nos enfants. Si j'y parviens, j'aurai apporté ma petite pierre à l'édifice, et mon succès sera encore plus beau que mes trois étoiles.

— Vous le faites aussi en mémoire de votre grand-père ?

Mon grand-père était berger. Quand il venait me chercher à l'école, avec son troupeau de chèvres, il portait toujours quelques fruits au chapeau. Je garde en mémoire le goût de ces fraises et de ces myrtilles volées sur le chapeau de mon grand-père. Lorsque je l'embrassais, j'embrassais aussi le cœur de la nature. Ce sont des souvenirs inoubliables et c'est ce qui mène encore ma vie. Enfant, j'ai vécu des sensations extraordinaires en ramassant les pommes à cidre avec mon grand-père, en le voyant faire cuire les myrtilles dans un chaudron. Ces gestes simples ont été ma forteresse. Mes parents avaient une ferme d'hôtes et mon père disait toujours que, pour faire ce métier, il fallait aimer les autres. Cinquante ans plus tard, je sais que je fais le plus beau métier du monde car je peux donner aux autres, et partager.

– Comment leur rendez-vous hommage aujourd'hui ?

Je n'oublie pas mon éducation tout en prenant soin de la moderniser pour qu'elle perdure après moi. Moderniser la tradition permettra de passer les générations. J'ai pris un plaisir fou à recréer l'alpage de mes parents, à remettre en place le pressoir où mon grand-père faisait son cidre. La nourriture est notre principal carburant, et plus je prends de l'âge, plus je m'intéresse à son côté spirituel. En hommage à mes grands-parents et mes parents, j'ai ouvert un restaurant totalement écologique où nous vivons en autarcie. Nous faisons toujours des plats gastronomiques, mais avec les œufs de nos poules, le lait de nos brebis, des légumes cultivés sans pesticides. Je n'ai pas honte de dire qu'à soixante ans, j'ai redécouvert le goût d'un œuf. J'ai toujours acheté des œufs bio, mais ils n'ont rien à voir avec les œufs de mes poules. J'ai aussi profité de ce passage à la soixantaine pour me rapprocher de mon passé en rénovant des chalets autour de ma ferme, pour faire mieux connaître notre culture savoyarde. Pour bien comprendre un cuisinier, il ne faut pas se contenter de goûter sa cuisine. Un cuisinier, c'est avant tout une région, un lieu, une architecture. Chez moi, chaque objet a une histoire, un passé, avec une touche de modernité pour que les jeunes ne trouvent pas ça *has been*. Ce sont ces fondamentaux qui me permettront de devenir centenaire, j'en suis persuadé.

— *Êtes-vous optimiste pour l'avenir ?*

Je suis optimiste et inquiet à la fois. Je me bats pour valoriser nos paysans, nos vignerons extraordinaires. Il faut les mettre sur un piédestal car ils font leur métier avec leurs tripes, leur cœur, en respectant les autres et en pensant à l'avenir de nos gamins. Ce sont eux qui nous sauveront. Bien sûr, les gens manquent de temps et d'argent, et sont obligés d'aller dans les grandes surfaces. Mais il faudrait apprendre un nouveau mode de consommation, qui passe par l'information. Je vois de plus en plus de jeunes parents qui aimeraient consommer de bons produits mais qui ne savent pas comment se les procurer. Je souhaiterais éditer un guide gratuit, par région, indiquant les fermes où l'on peut trouver des produits frais. Acheter son eau de Javel et son poulet au même endroit me semble totalement risible. J'aimerais dire aux jeunes d'investir dans un congélateur, et d'aller de temps en temps chez un fermier, acheter huit ou dix poulets à la fois. Ils mangeront de bons produits sans dépenser plus. Je veux absolument transmettre une nouvelle manière de consommer.

— *L'envie de transmettre, c'est un acte de générosité...*

Les gens qui me connaissent savent que je suis quelqu'un de généreux. Je suis fier d'avoir beaucoup donné. La transmission, c'est le plus important dans la vie. Lorsque des parents viennent me demander des conseils pour leur fils ou leur fille qui veulent se lancer dans ce métier, je leur donne les deux conseils qui me semblent essentiels pour qui souhaite devenir cuisinier : ils doivent avoir du talent mais ils doivent surtout être passionnés et aimer le partage. Si vous n'aimez pas les autres, vous ne pouvez pas faire de la bonne cuisine. Et puis recevoir des groupes d'enfants, leur faire ramasser des plantes, leur apprendre à fabriquer du pain dans notre four à bois, qu'y a-t-il de plus fort que ces émotions-là ? Quand je vois les gamins repartir enchantés d'avoir découvert des fleurs, des plantes qu'ils ne connaissaient pas, ça vaut toutes les Légions d'honneur ! La transmission, c'est définitivement plus fort que quatre étoiles au Michelin.

— *Avec le temps, avez-vous appris à vous aimer ?*

Je me préfère en sexagénaire, car j'ai l'impression d'être mieux compris. En fait, si je suis plus écouté aujourd'hui, c'est que je m'exprime mieux, et que j'ai fait des progrès intellectuellement et… philosophiquement ! Mon accident de ski est arrivé au bon moment. Il m'a permis de réagir. Une chance que n'a pas eue Bernard Loiseau, qui était mon meilleur ami. Nous avons eu le même parcours, nous nous téléphonions tout le temps, nous nous soutenions. C'est bien beau d'être considéré comme le meilleur cuisinier du monde, mais c'est une charge psychologique très lourde. Bernard ne l'a pas supportée. Et je ne sais pas si je serais encore là pour vous parler si je n'avais pas changé de vie. Mon changement de cap à soixante ans a été salvateur. Et tout ce que j'ai appris en soixante ans, je le fais rejaillir sur les autres.

— On sait peu de choses sur votre famille, pouvez-vous nous en dire un peu plus ?

J'ai une femme, quatre enfants et des petits-enfants. Ma fille aînée, Karine, a travaillé avec moi pendant longtemps. Elle était mon chef pâtissier, et c'est une fille formidable qui se bat pour ne pas être « la fille de ». Elle affirme sa personnalité à chaque instant, tout en restant fidèle à ce que son père lui a appris. C'est un travail de haute voltige, mais aujourd'hui elle est établie à Annecy, et reconnue par ses pairs. C'est l'une de mes plus grandes fiertés. Elle est celle qui me connaît le mieux, car elle a toujours été à mes côtés, dans les moments forts de ma vie. Comme moi, elle est rebelle, mais avec un cœur gros comme ça.

— *Comment vous voyez-vous dans les années à venir ?*

Je m'imagine à quatre-vingt-dix ans, allant chercher mes arrière-petits-enfants avec des fraises sur mon chapeau, des fraises sans pesticides pour leur donner envie de continuer mon combat. Me lever chaque matin en voyant l'immense tableau représentant mes parents, mes grands-parents, et moi-même à sept ans me donne une force qui me porte pour les soixante prochaines années !

*
* *

Marc Veyrat... Je le connaissais très peu avant de le rencontrer mais j'ai plutôt une sympathie naturelle pour les gens qui n'ont pas forcément une bonne réputation. On dit que c'est un être excentrique, parfois excessif ; moi, en l'entendant parler, je n'ai vu que le petit garçon admirant son grand-père, et voulant continuer la tradition. Il m'a d'ailleurs donné envie de passer quelques jours à marcher dans ses montagnes qu'il aime tant, et d'aller visiter sa ferme du bonheur. C'est un des plaisirs que je prends désormais le temps de m'offrir, à plus de soixante ans. Je serais heureux de le revoir à cette occasion, car je me suis senti proche de lui, quand après son accident de ski il a décidé d'arrêter la course aux étoiles et de repartir de zéro. J'étais un peu plus jeune lorsque, pour des raisons différentes bien sûr, j'ai dû passer de quarante-deux *primes* par an, sur la plus grande chaîne française, à des émissions beaucoup moins exposées. Il est important de dire que l'on peut être heureux et épanoui sans être au top. Nous avons tous les deux été stoppés dans notre élan, mais ce qui nous a sauvés, c'est notre passion première. Le succès vient ensuite, comme une décoration. Que ce soit des étoiles ou un 7 d'Or, l'essentiel n'est pas dans les honneurs mais dans ce qu'on a envie de donner aux autres. À plus de soixante ans, Marc Veyrat me semble avoir toujours une lumière qui brille au fond de lui, et moi je n'ai jamais été aussi en accord avec ce que je suis vraiment. On a vécu des choses tellement fortes qu'on ne va pas tout faire pour les reconquérir. On ne ressent aucune frustration. On tente de nouvelles aventures et tout roule pour nous, merci !

J'ai aussi été très sensible à son combat pour apprendre, principalement aux enfants, à bien manger. Ce discours m'a touché car c'est la philosophie dans laquelle j'ai été élevé. Mes parents, marchands de primeurs, m'ont toujours enseigné qu'il vaut mieux manger moins, mais de la bonne qualité. Ma mère m'emmenait tous les samedis au grand marché de la rue Mouffetard, et je la voyais passer du temps à chercher les meilleurs produits aux plus petits prix, car nous n'étions pas riches. Aujourd'hui je suis l'exemple de ma mère, et dès mon arrivée en Provence, je vais acheter les tomates chez un petit producteur près de chez moi. Elles ne sont pas plus chères, mais tellement meilleures ! J'ai été frappé également par la fierté de Marc Veyrat lorsqu'il me parlait de sa fille qui reprend son flambeau. Les cuisiniers, comme les gens du cirque, sont heureux de créer des dynasties, et quand un petit-fils reprend l'établissement de son grand-père, on trouve ça formidable. Dans nos métiers de télévision ou de radio, lorsqu'un fils ou une fille d'animateur veut suivre les traces de son père ou de sa mère, le regard des autres est rarement bienveillant et l'on parle tout de suite de piston. Alors que la continuité chez les restaurateurs ou les boulangers semble presque logique. Et pourtant, que ce soit à la télévision ou dans les métiers de bouche, l'important c'est de transmettre son savoir. Marc Veyrat en a d'ailleurs fait sa raison de vivre !

L'AVIS DU MÉDECIN

Jean-François Lemoine

Jean-François Lemoine, c'est le « Monsieur Santé » d'Europe 1, concepteur du site « Pourquoi Docteur », qui compte un million de connexions par mois. Avant de conclure ce livre, j'ai voulu recueillir l'avis de ce médecin-conseil – sexagénaire, qui plus est – sur le fameux cap de la soixantaine, médicalement parlant.

*
* *

– *Ma première question est toute simple : est-ce que le corps humain sait qu'il a soixante ans ?*

L'augmentation de l'espérance de vie étant réelle, notre corps sent de moins en moins l'arrivée de la soixantaine, surtout s'il a été bien préparé. À cet âge précis, la différence entre ceux qui ont respecté

60 ans... Et alors ?

quelques règles élémentaires d'hygiène de vie et les autres est très importante.

Premier précepte à connaître : contrairement aux piles, le corps ne s'use pas si l'on s'en sert beaucoup. Le meilleur médicament du XXIe siècle, universel et gratuit, s'appelle « l'exercice physique ». Attention, je ne parle pas de sport, mais d'une activité physique régulière et raisonnable. Dans l'idéal, il faudrait bouger trois fois quarante-cinq minutes par semaine et si possible avec des battements de cœur très bas. Aujourd'hui, on passe tellement de temps devant les écrans de télé, et d'ordinateur, qu'on a oublié que l'homme n'était pas fait pour rester inactif.

On connaît tous ces phrases célèbres : « Vieillir c'est embêtant mais c'est la seule façon de ne pas mourir », ou encore « Après cinquante ans, si tu te réveilles le matin sans avoir mal nulle part, c'est que tu es mort ». L'homme de soixante ans ne peut se contenter de cette logique, vieillir n'est plus une fatalité et, dans une vingtaine d'années, un homme ou une femme de soixante ans ne seront qu'à la moitié de leur vie.

Deuxième précepte : essayer de ne pas prendre du poids à la cinquantaine. Nous sommes tous des survivants des famines de la préhistoire, et nous avons appris à stocker la nourriture depuis des milliers d'années. On ne peut pas espérer, en quelques générations, avoir appris à déstocker. L'homme est capable de faire de la graisse très vite, comme la marmotte ; malheureusement, il la relâche

L'avis du médecin

lentement. Il ne faut surtout pas faire de réserves trop importantes, car, si l'on a longtemps pensé que la graisse était quelque chose d'inerte, en fait la graisse sécrète un tas de cochonneries. Le surpoids est donc un facteur de vieillissement important.

– Les hommes et les femmes sont-ils égaux devant le vieillissement ?

La femme a la chance d'être protégée par ses hormones jusqu'à la ménopause. Mais ensuite, elle rejoint l'homme dans les facteurs de risque. De nos jours, les femmes qui fument depuis de nombreuses années – pour être les égales des hommes ? – voient les risques d'infarctus augmenter de manière inquiétante, dépassant même les hommes dans ce domaine. Par ailleurs, à soixante ans, le potentiel de testostérone est intact chez l'homme, qui peut encore être papa. Malheureusement, médicalement et physiquement, l'âge n'agit pas de la même manière sur les hommes et les femmes.

– Le physique ne fait pas tout ; quels conseils donnerais-tu pour aider à passer ce fameux cap de la soixantaine ?

Il est vrai que c'est sans doute l'étape la plus difficile à vivre, car elle correspond, dans la plupart des cas, à la fin de la vie professionnelle. Et l'intellect devient alors primordial. On sait maintenant qu'on peut essayer de prévenir la maladie d'Alzheimer, maladie de la vieillesse, en faisant travailler son cerveau. En fait, on ne prend pas assez en compte la plasticité du cerveau, qui est le seul organe capable de se régénérer. Le cerveau n'est pas fatigué à soixante ans et, si on lui fait faire de la gymnastique, il peut s'adapter à tout.

Faire travailler son cerveau, c'est apprendre un instrument de musique, une nouvelle langue, tout ce que l'on n'a jamais eu le temps de faire dans sa vie active. Il est important aussi de continuer à avoir des projets. C'est pour cela que les personnes âgées qui continuent à voyager vieillissent mieux que les autres, celles qui pratiquent l'altruisme également. Et, plus étonnant, les jeux vidéo peuvent être bénéfiques pour les adultes ! Eh oui, les gens âgés ont hurlé contre les jeux vidéo pour les enfants, mais il est désormais prouvé que ces jeux font travailler le cerveau de façon très utile chez les personnes de soixante ans et plus. Des automobilistes dangereux au volant le deviennent moins grâce aux jeux vidéo de conduite. La civilisation des loisirs met à notre disposition un tel panel de possibilités de s'instruire de façon ludique qu'il serait dommage de s'en priver.

Mais en fait, la vraie plaie de la soixantaine, c'est la dépression nerveuse. C'est une maladie qui se soigne difficilement, et elle fait souffrir énormément de gens, qui ne sont pas forcément traités sur le plan médical. Et, dans ce domaine, le premier signal d'alerte, à soixante ans, est une fatigue continue et inexpliquée. C'est le premier symptôme de la dépression.

— À soixante ans, les enfants sont partis, on se retrouve à la retraite, face à face avec sa femme, ce qui est nouveau. Comment peut-on bien vivre ce changement de rythme ?

Le vrai fléau, ce n'est pas le tête-à-tête avec son épouse, mais la solitude. Notre société est persuadée qu'elle fait plein de choses épatantes pour les seniors. Mais au début du XXe siècle, dans n'importe quelle ferme, les personnes âgées vivaient au rez-de-chaussée, les enfants au premier étage. Le cocon familial qui protégeait les ancêtres de la solitude a totalement explosé. Aujourd'hui, les familles comptent sur le système et la société pour régler les problèmes de leurs parents et grands-parents. Quant à se retrouver en face de son épouse, il est vrai qu'avec l'augmentation de l'espérance de vie on va la supporter plus longtemps que prévu, et vice versa ! Mais ce n'est pas si désagréable… Dans les gazettes, on lit souvent l'histoire de sexagénaires qui courent les minettes, or c'est beaucoup moins courant qu'on ne le lit. La grande majorité des couples vivent au moins trente ans ensemble. Si on n'y a pas réfléchi avant, cette nouvelle promiscuité peut devenir invivable. Et pourtant, quand on s'aime, c'est un vrai privilège de vieillir ensemble.

– Comment peut-on préserver l'enthousiasme de sa jeunesse ?

Le maître mot, c'est avoir des projets. Que tu t'appelles Patrick Sabatier ou que tu sois retraité de la SNCF, il faut réfléchir aux projets de la maturité, et non pas aux projets de la vieillesse, qui se résument généralement à jouer aux cartes ou à faire des mots croisés. Notre génération est privilégiée car ce sera sans doute la dernière à pouvoir accéder à sa retraite à moins de soixante-cinq ans. Nous devrions prendre ça positivement et en profiter pour vivre une deuxième vie.

– Et comment pourrais-tu rassurer le lecteur sur l'idée de la mort ?

La mort est inéluctable, et médicalement le corps atteint son summum à dix-huit ans ; ensuite, nous ne faisons que vieillir. Pour désamorcer leur angoisse, il faut que les lecteurs se demandent s'ils se sont inquiétés de l'endroit où ils étaient avant leur naissance. Comme ce n'est pas le cas, pourquoi s'inquiéteraient-ils de savoir où ils seront après leur mort ? Il ne sert à rien de se rappeler chaque matin que nous sommes mortels. Il vaut mieux se dire que

L'avis du médecin

la vie est un cadeau fabuleux et qu'il faut tout faire pour la préserver. Mon père, instituteur, a passé sa vie à s'occuper bénévolement du club de foot de son village. Il est mort à quatre-vingt-dix ans, en pleine forme, car il avait donné pendant toute son existence. Si tu ne fais que prendre et te laisser aller au « tout à l'ego », ça n'ira pas. Il ne faut pas s'aimer, mais se respecter. Et ce, dès sa jeunesse. Si l'on se laisse aller, on paie l'addition à un certain moment, et souvent vers la soixantaine. Il y a quelques gestes simples à respecter, comme prendre sa tension régulièrement, bien avant d'avoir soixante ans, pour ne pas avoir de mauvaises surprises ensuite.

EN GUISE DE CONCLUSION

La seule question à se poser

Moi qui fais régulièrement du jogging, je passe évidemment à côté de beaucoup de monde, en courant. L'autre jour, j'ai croisé une mère accompagnée de son petit garçon de huit ans, qui la suivait en trottinette. Avant de traverser la rue, j'ai entendu ce gamin demander à sa maman : « On va où, maintenant ? »

En fait, cette question, on se la pose en permanence, à tous les âges de la vie. Et il n'y a aucune raison pour que la soixantaine arrête notre élan, même si nous pouvons changer d'occupations ou de rythme. L'important, c'est d'avoir encore envie d'avancer… et de bien choisir son itinéraire. Alors, au lieu de nous désoler de voir le temps filer trop vite, posons-nous la question du petit garçon avisé qui, sur sa trottinette, demandait doctement : « On va où, maintenant ? »

TABLE DES MATIÈRES

Avant-propos – L'interviewer interviewé	9
Pierre Arditi	15
Roselyne Bachelot	31
François Berléand	47
Jean-Marie Bigard	63
Guy Carlier	75
Dave	87
Anny Duperey	103
Frédéric François	119
Francis Huster	133
Catherine Laborde	145
Bernard Le Coq	157
Michel-Édouard Leclerc	169
Michel Leeb	183
Nelson Monfort	197
Gilbert Montagné	209
Jean-Pierre Pernaut	227
Francis Perrin	243

Patrick Poivre d'Arvor 257
Guy Savoy 273
Marc Veyrat 291
L'AVIS DU MÉDECIN
  – Jean-François Lemoine 303

EN GUISE DE CONCLUSION
  – La seule question à se poser 311

Direction littéraire
Huguette Maure
Assistée de
Amandine Le Goff

*Mise en pages PCA
44400 Rezé*

Imprimé en Espagne
Dépôt légal : octobre 2014
N° d'impression : 01
ISBN : 978-2-7499-2380-2
LAF 1925